詩를 말하다

詩를 말하다

지 은 이　박찬일
펴 낸 곳　연세대학교 출판부
주　　소　서울특별시 서대문구 성산로 262
전　　화　(02) 2123-3380~2
팩　　스　(02) 2123-8673
E-mail　ysup@yonsei.ac.kr
홈페이지　http://www.yonsei.ac.kr/press
연세대학교출판부
인　　쇄　(주)네오프린텍

2008년 11월 27일 1판 2쇄
ISBN 978-89-7141-797-3 (93800)

값 12,000원

詩를 말하다

박찬일 지음

연세대학교 출판부

詩를 말하다

차례

머리말

시에 대하여 할 얘기가 있었다. 몇 차례 발표할 기회를 가졌었고, 그것들을 함께 엮을 기회 또한 갖게 되었다. 감사드릴 곳이 여러 군데가 되는 셈이다.

내가 관심을 두는 것은 시의 내공, 혹은 공력(工力) 같은 것들이다. 시는 인생이라고 할 수 있다. 인생을 깊게 이해하려고 노력하는 사람은 깊은 시를 쓸 것이고, 인생을 복잡하게 이해하려고 노력하는 사람은 복잡한 시를 쓸 것이다.

기획에서부터 신경을 써준 연세대학교 출판부에 진심으로 감사드린다. 연세대학교 출판부의 행운을 빈다.

「이런 시도 있고 저런 시도 있다」는 말 그대로 시의 다양성을 인정하려는 글이다. 상호 긴밀한 내적 긴장관계를 견지하는 시들이 있고 파편적 병렬양식의 시들이 있다. 후자를 대변하는 것이 소위 무의미시 계열들이다. 전자를 대변하는 것이 소위 유의미시들로서 전통적 서정시들이다. 맨 뒤의 「'파편적 글쓰기'

에 대한 몇 가지 파편」은 무의미시 계열에 대한 보다 심층적인 고찰의 산물이다.

「화장실에서 욕하는 자 ≈ 시 쓰는 자」는 시의 치료적 기능에 대한 고찰이다. 아리스토텔레스의 『시학』은 카타르시스에 많은 부분을 할애하였다. 시는 욕하는 것과 같을지 모른다. 화장실에서 혼자 은밀히 욕하는 것과 같을지 모른다. 화장실에서 혼자 은밀히 욕할 수밖에 없는 것은 수퍼에고를 피할 수 없기 때문이다.

「결핍이 시를 쓰게 한다」에서는 결핍을 인간의 중요한 조건으로 보고 문학인들이 유난히 결핍을 채우려는 욕구가 강하다는 전제에서 논의를 전개하였다.

「'악덕의 문학' 試論」에서는 악덕이 용인되는 '시대'(혹은 문학)에 주목하였다. 신의 죽음은 인간의 영원한 죽음을 초래하였다. 인간의 죽음이 용인된다면 용인시키지 못할 것이 없다. 니체를 빌면 살해욕이 용인되고, 자살욕이 용인된다. 모든 격정들이 용인된다.

「이항대립체계 및 이항대립체계의 붕괴」에서는 서양의 기본 정신구조를 이항을 설정하고 한쪽 항에 우위를 부여한 것으로 보고 이에 대해 서술해보았다. 그리고 이항대립체계가 '주체 부정'과 함께 붕괴되는 과정을 '시'를 통해 고찰해보았다.

「파토스의 시」에서는 시의 본래적 성격의 하나라고 할 수 있는 파토스, 즉 격정에 대해 역사적으로 고찰해보았다.

「도시시: 낭만주의적 상상」에서는 낭만주의에 대한 기본적 이해를 전제로 김상용의 「남으로 창을 내겠소」, 백석의 「나와 나타샤와 흰 당나귀」 등을 분석하였다.

「'전쟁/평화'에 대한 세 개의 단상」에서는 브레히트를 중심으로 문학의 현실 참여 기능에 대해 고찰해보았다. '참여Engagement'와 '순수Degagement'는 문학의 되물릴 수 없는 화두이다. 앞으로도 그럴 것이라고 생각한다.

「문학의 카니발화」에서는 바흐찐의 카니발리즘을 고찰하였다. 바흐찐은 시에서 '다양한 목소리', 혹은 다성성Mehrstimmigkeit이 불가능하다고 여겼다. 그러나 이 글에서는 시에서도 '다양한 목소리'가 가능하다는 것을 입증하려고 하였다.

「구체시 小考」에서는 매체학의 관점에서 회화로부터 절대적 영향을 받은 현대적 실험시 '구체시'에 대해 논술하였다. 구체시의 다른 말은 시각시이다

「노동문학」에서는 '전통적 노동문학'(혹은 80년대의

노동문학)과 다르게 전개되고 있는 최종천, 이중기, 이면우 등의 노동시들을 살펴보았다.

이 글은 시를 쓰는 분들과 같이 읽으려는 의도에서 만들어진 시론집(혹은 시평집)이다. 그들과 함께 행복한 책읽기가 이루어지기를 기대한다. '이데올로기 재생산'이라는 말이 있다. 自己 이데올로기에서 빠져나가기가 힘들다는 말이다. 이 책에서도 시에 대한 나의 고정된 이데올로기가 재생산되었을 가능성을 부인할 수 없다. 하나 더 부연하고 싶은 것은 논의 전개상 '중복'이 있었다는 점이다. 이를테면 김춘수의 <처용단장> 및 무의미시론에 대한 인용이 여러 군데에서 반복되었다.

2007. 7. 30. 산본의 육중한 서가들 아래에서.

박찬일

01

이런 시도 있고 저런 시도 있다

1

다음은 황동규의 「무이산(武夷山) 문수암」과 이에 대한 해석이다. 해석은 필자의 해석이다.

저 만 쌍의 눈으로 깜빡이는 남해 바다
이처럼 한눈에 들어올 줄은 몰랐다.
입구의 어두운 동백들 때문일까.
청담(靑潭)이 살다 관뒀다는 기호(記號), 사리탑
에서 내려다보면
언젠가 시력(視力) 끊겨도 몇 년은 계속 보일
저 환한 자란만(紫蘭灣). 떠도는 저 배들 저 부
푼 구름들 저 잔물결들

자세히 보면 자란섬 뒤로
나비섬 누운섬, 떠다니는 섬들도 있다.
청담 스님이 슬쩍 자리를 비워준다 해도
감을래야 감을 수 없는 이곳에 눈을 파묻지는
않으리.
뒤에 문득 기척 있어
동백이 떨어진다.
동백 뒤에 청담이 나오면 청담을…

바다에 해가 뛰어들고
섬들의 겨드랑이가 온통 빛에 젖는다.

"만 쌍의 눈으로 깜빡이는 […] 바다" 앞에서 눈을 동그랗게 뜨고 있는 시인이 보인다. 너무나 동그래서 눈이 아프다. 눈을 감을래야 감을 수 없다고 한 것을 이해한다("감을래야 감을 수 없는 이곳에 눈을 파묻지는 않으리"). 눈 속에 만 쌍의 눈이 들어왔는데 어찌 눈을 감을 수 있으랴.

정말로는 시인은 눈을 감고 싶은 것으로 보인다. "감을래야 감을 수 없는 이곳에 눈을 파묻지는 않으리"라고 한 것은 '눈을 감아야 하는 상황'[죽어야 하는 상황]에 대한 강조로 보인다. 만 쌍의 눈으로 깜빡이는 바다는 죽음을 유혹하는 바다이다. 투신하여 만

한 쌍의 눈이 되자고 꼬드긴다.

시인의 눈에 "나비섬 누운섬, 떠다니는 섬들"은 모두 바다 속에 빠져버린, "눈을 파묻"은 것들이다. 만 쌍의 눈의 일부이다. 시인도 바다에 파묻혀 '만 한 번째 쌍'의 눈으로 반짝이고 싶다. 아니 그래야만 한다. 그만큼 유혹은 강렬하다.

그래서 "동백이 떨어진다"라는 표현이다. 동백을 시인 대신 (바다에) 떨어뜨리는 것이다. 이것으로, 동백을 죽인 것으로, 성이 안 찬다. 바로 뒤의 "동백 뒤에 청담이 나오면 청담을…"이라는 표현이다. 시인은 "사리탑" 속에 들어있는 청담(스님)도 꺼내 바다 속에 처넣으려고 한다. 목적격 조사 '을'과 말줄임표 '…'의 결합을 청담을 바다 속에 처넣으려는 시인의 의도로 읽는 것이다.

"바다에 해가 뛰어"든다고 한 것도 그렇게 볼 수 있을까. 시인이 해를 바다에 뛰어들게 한 것이라고 볼 수 있을까. '해가 진다'고 하지 않고, '해가 뛰어든다'고 한 것에 주목하는 것이다.

시인은 동백꽃을 살해했고, 청담을 살해했다. 해를 살해했다고 할 수 있다.

죽어서 만 한 번째 쌍의 눈이 되고 싶어하는 시인의 욕구! 죽음에 대한 욕구! 그러나 죽음에 대한 욕구와 병존하는 삶에 대한 욕구! 동백은 나 대신 죽어라. 청담도 나 대신 죽어라. 태양도 죽어라. 나는 살아야겠다!

2

다음은 김춘수의 <처용단장> 제2부 일부 및 이에 대한 해석이다. 해석은 필자의 해석이다.[1)]

Ⅲ
살려다오.
북 치는 어린 곰을 살려다오,
북을 살려다오.
오늘 하루만이라도 살려다오.
눈이 멎을 때까지라도 살려다오.
눈이 멎은 뒤에 죽여다오.
북 치는 어린 곰을 살려다오.
북을 살려다오.

Ⅴ
불러다오.
멕시코는 어디 있는가,

1) 이 책 9章「문학의 카니발화」및 10章「'파편적 글쓰기'에 대한 몇 가지 파편」참조.

사바다는 사바다, 멕시코는 어디 있는가,
사바다의 누이는 어디 있는가,
말더듬이 一字無識 사바다는 사바다,
멕시코는 어디 있는가,
사바다의 누이는 어디 있는가,
불러다오,
멕시코의 옥수수는 어디 있는가,

2개의 절을 인용했지만 전부 9개의 절로 구성되어 있다. 9개의 절이 상호 긴밀한 내적 긴장관계에 있지 않다. 바흐찐식으로 말하면 '9개의 목소리'의 말이 존재한다. 상호 긴밀한 내적 긴장관계는 하나의 절 내부에서도 존재하지 않는다. Ⅲ절에서 "북 치는 어린 곰을 살려다오"라고 하다가 "북을 살려다오"라고 하고 있다. 다시 "눈이 멎은 뒤에 죽여다오"라고 하고 있다. Ⅴ절에서 "멕시코는 어디 있는가"라고 하다가 "사바다의 누이는 어디 있는가"라고 하고 있다. 다시 "멕시코의 옥수수는 어디 있는가"라고 하고 있다. 하나의 절 내부에서도 '말의 다양성'이 존재하고 있다고 할 수밖에 없다. 특히 Ⅴ절에서 첫 행만 제외하고 전부 쉼표로 연결했고, 끝 행도 마침표로 끝내지 않고 쉼표로 끝낸 것은, 무한한 목소리가 가능하다는 것을 암시한 것이다. 이것은 물론 김춘수의 '무의미시론'과 관계 있다.

> 한 행이나 또는 두 개나 세 개의 행이 하나의 이미지를 만들려는 기세를 보이게 되면, 나는 이것을 사정없이 처단하고 전혀 새로운 활로를 제시한다. […] 連作에 있어서는 한 편의 詩가 다른 한 편의 詩에 대하여 그런 관계에 있다.[2)]

하나의 이미지가 의미를 만들려고 하면 다른 이미지가 나서서 이를 처단하여 이미지의 정박을 계속 늦춘다고 하고 있다. 무의미시란 여러 개의 이미지로 이루어진 시이다. 여러 개의 이미지들이 단일한 통일된 의미를 만들지 않는다.

3

김춘수의 <처용단장> 제2부를 ②라고 하고 황동규의 「무이산 문수암」을 ①이라고 한다. ①이 상호 긴밀한 내적 긴장관계를 가진 시[3)]라면, ②는 상호 긴밀한 내적 긴장관계를 가진 시가 아니다. ①이 유의미

---

2) 김춘수, 「의미에서 무의미까지」, 『김춘수詩選』, 정음사, 1981, 197면.

3) 상호 긴밀한 내적 긴장 구조를 가진 시는 다른 말로 하면 '완성도가 있는 시'이다. 단어와 단어. 행과 행, 연과 연이 일사불란한 체계를 갖추고 있어야 한다. '하나'를 향해 달려야 한다.

시라면 ②는 무의미시이다(①에서는 의미가 파생되었고 ②에서는 의미가 파생되지 않았다). ①은 완결된 '닫힌 형식'의 시이고, ②는 완결되지 않은 '열린 형식'의 시이다. 드라마로 비유하면 ①은 아리스토텔레스적 환상극의 영역이고, ②는 브레히트적 서사극의 영역이다. 바흐찐식으로 말하면 ①은 '단일한 목소리'의 시이고, ②는 '다양한 목소리'의 시이다.

①은 시적 충동에 의한 시쓰기, 곧 자연발생적 시쓰기의 '구체화'이고, ②는 미적 자의식에 의한 시쓰기, 곧 의도적 시쓰기의 구체화이다. 자연발생적 시쓰기는 전통적 서정시의 영역이고, 의도적 시쓰기는 현대적 실험시의 영역이다.

아침에는 자연발생적 전통적 서정시를 쓸 수 있고, 점심에는 의도적 현대적 실험시를 쓸 수 있다. 저녁에는 다시 자연발생적 전통적 서정시를 쓸 수 있다. 내일 아침은 다시 의도적 현대적 실험시를 쓸 수 있다. 아침에는 빵을 먹고, 점심에는 설렁탕을 먹고, 저녁에는 비빔밥을 먹는다. 내일 아침은 라면이다. 인간의 조건은 분열이다. 자연발생적 전통적 서정시만 쓰면 '인간적'이 아니다. 의도적 현대적 실험시만 쓰면 인간적이 아니다.

자연발생적 전통적 서정시에 국한시켜도 마찬가지

이다. 아침에는 사랑에 대한 시를 쓰고, 점심에는 불의에 대한 시를 쓰고, 저녁에는 죽음에 대한 시를 쓸 수 있다. 내일 아침에는 이라크 전쟁에 대한 시를 쓸 수 있다. 산본에서 쓰는 시가 다르고, 서울에서 쓰는 시가 다르고, 만해마을에서 쓰는 시가 다르다.

하나의 시집에 자연발생적 전통적 서정시만 있다면 그것은 의도적이다. 하나의 시집에 의도적 현대적 실험시만 있다면 그것은 의도적이다. 인간의 분열을 반영하지 않은 것이다. 하나의 시집이 죽음에 대한 시, 혹은 사랑에 대한 시로 통일되어 있는 것도 인간의 분열을 반영하지 않은 것이다. 다시 말하지만 사랑에 대한 시만 내내 쓰다가 죽음에 대한 시를 내내 쓰지 않는다. 죽음에 대한 시를 내내 쓰다가 사랑에 대한 시를 내내 쓰지 않는다. 인간은 밥도 먹고, 빵도 먹고, 국수도 먹는다.

저 사람은 자연발생적 전통적 서정시파, 저 사람은 의도적 현대적 실험시파라고 분류하지 말라는 것이다. 저 사람은 리얼리즘파, 저 사람은 모더니즘파라고 분류하지 말라는 것이다. 분류는 '시'만으로 충분하다. 시인을 분류하는 것은 온당하지 않다. 시인을 분류하는 것은 인간을 분류하는 것인데, 인간은 분열에 관한 한 '한 통속'이다.

'완성도가 떨어지는 시'라고 하는 것은 욕하는 말이다. 상호 긴밀한 내적 긴장관계가 있어야만 시라고 하는 것이다. '완성도가 떨어진다'라는 말 대신 '완성도가 없다'라는 말을 썼으면 좋겠다. 완성도가 없는 시도 시이고 완성도가 있는 시도 시이다. 중심이 여러 군데 있는 시도 시이고 중심이 한 군데 있는 시도 시이다. 중심이 없는 시도 시이다.

02

화장실에서 욕하는 자 ≈ 시 쓰는 자

화장실에서 욕을 하는 사람, 손들어 봐요. 1학년 교실 학생들은 두서넛 손을 들었으나, 4학년 교실 학생들은 '많이' 손을 들었다. 복학생들이 많이 손을 들었다. 매번 그랬다.

시인들에게 물어보았다. 화장실에서 욕하느냐고. 많은 시인들이 '욕한다'고 대답하였다. 1995년 『화장실에서 욕하는 자들』(박찬일)을 포함한 여러 시집들의 합동 출판기념회 장소에서 그랬다. 그 중의 몇은 설거지하면서 욕을 한다고 하였다. 그 중의 몇은 청소기 돌리면서 욕을 한다고 하였다. 그 중의 몇은 운전하면서 욕을 한다고 하였다. 그 중의 몇은 산길에서 욕을 한다고 하였다(주위에 아무도 없는 것을 부지불식간에 확인하고).

나는 화장실에서 욕하는 것과 설거지하면서 욕하는 것에 주목하였다. 특히 화장실에서 욕하는 것에 주목하였다.

(집에 있는) 화장실은 대개 '절대적 혼자'의 공간이다. 둘이 들어가서 화장실Toilette을 사용하지 않는다. 둘이 들어가서 세면대를 사용하지 않는다. 둘이 들어가서 욕조를 사용하지 않는다(?). 화장실은 그래서 아늑하고 편안한 공간이다. 아늑하고 편안하지 않은 것은 대개 '對人'에서 발생한다. 화장실이 아늑하고 편안한 것은 또한 '물' 때문이다. 인간은 물에서 왔다. 인간의 먼 조상(예를 들어 삼엽충)도 물에서 시작하였고, '나'도 물에서 시작하였다. 나는 양수 속에서 최고의 아늑함과 편안함을 경험하였다.

화장실은 물의 공간이다. 변기도 물과 인접의 관계에 있고, 세면대도 물과 인접의 관계에 있고, 욕조도 물과 인접의 관계에 있다. 물과 인접의 관계에 있는 화장실에서 욕을 하는 것은 자연스러운 일이다. 양수 속에서처럼 편안하고 아늑한 곳에서 욕이 나오는 것은 자연스러운 일이다. 화장실 밖에서, 많은 눈이 존재하는 곳에서, 이목을 의식해야 하는 곳에서, 욕이 나올 수는 없다. 화장실 밖은 수퍼에고가 완벽하게 작동하는 곳이다. 수퍼에고가 욕을 억압한다. 상처를 억압한다. 상처를 '해소'하지 말라고 한다.

문제는 화장실에 들어가자마자 바로 욕을 하지 않는 데에 있다. 욕조에 물을 내리는 순간, 세면대에 물을 내리는 순간, 욕이 시작된다는 것이다. '물의 공간'으로서 화장실이 편안하고 아늑한 곳은 틀림없지만 규율 · 규범의 수퍼에고는 여전히 감시의 눈을 떼지 않고 있다. 절대적으로 편안하고 아늑한 공간이긴 하지만 화장실 밖으로 욕이 새나갈 수 있다. 화장실 밖으로 욕이 새나가면 안 된다. 화장실 밖으로 욕이 새나가면 정체가 폭로되는 것이다. '교양 있는 사람인 줄 알았는데 교양 없는 사람이었다'고 알리는 것이다. 물론 수퍼에고의 '생각'이다. 그래서 수도꼭지를 트는 순간, 물소리를 내는 순간, 욕을 하는 것이다. 물소리와 함께 욕이 터지는 것이다. 물소리에 가려 욕이 밖에까지 들리지 않을 것이기 때문이다.[1)]

정리해보자. 화장실의 편안함 · 아늑함은 '욕'과 인접의 관계에 있다. '억압으로부터의 해방'과 인접의 관계에 있다. 욕은 억압으로부터의 해방이다. 비록 수

---

1) 수퍼에고의 이러한 '위장'은 꿈에서의 압축, 전치, 그리고 꿈의 '드라마'를 생각나게 한다.

퍼에고의 검열에 의해 제한을 받지만. 그래서 '물소리'와 함께 욕이 시작되지만. 욕을 '억눌렸던 감정[상처]'의 '배설'이라고 할 수 있다. 배설의 다른 말은 카타르시스이다. 배설의 쾌감은 카타르시스의 쾌감이다.

'시쓰기'를 '욕하는 것'이라고 할 수 있다. 시쓰기를 억압으로부터의 해방으로 보는 것이다. 상처Trauma로부터의 해방으로 보는 것이다. 상처를 터뜨리는 것이 상처로부터의 해방이다. 상처를 공개함으로써 상처로부터 도망치는[치유되는] 것이다. 정신 치료를 맡은 의사에게 환자가 상처를 낱낱이 고하는 것과 같다. 그럼으로써 상처로부터 도망치는[치유되는] 것과 같다.[2)]

시인들은 상처를 유난히 의식하는 자들, 상처의 명수들이다. 많은 자들이 화장실에서 욕을 한다. 설거지하면서 욕을 한다. 시를 통해서 욕을 한다. 상처로부터 도망치려고 한다. 상처로부터 치유되기를 소망한다.[3)]

---

2) 시쓰기와 화장실에서 욕하는 것과의 차이는 '공개적'과 '비공개적'의 차이이다. 시쓰기는 공개적으로 욕하는 것이다. 물론 시쓰기에도 위장이 있다. 이른바 은유의 위장, 환유의 위장들이다.

3) 이하 인용되는 시 3편은 전부 박찬일의 시이다.

① 지리산 장터목의 枯木은
말한다.
나무가 자라서
나뭇잎이 펄럭인다고 나무인가.
바람일 뿐, 바람 표시일 뿐.

한번 가면 다시 안 올 그딴 노래는
부르지 마라.
새들의 속삭임
새들의 가벼운 날개를 위해
잔가지를 치지 마라.

살아 있다는 것은
졌다는 것이다.
다시 말할까.
항복했다는 것이다.
한 점의 살, 한 방울의 피까지 다 뺏겼다는
것이다.

겨울이 와도 봄을 기다리지 않는다.
봄이 와도 싹을 틔우지 않는다고 노래부른다.
모든 바람에게 길을 터주는
그는

노래부른다.
죽은 나무가 나무다.

영원히 나무다.

—「죽은 나무가 나무다」 전문

② 모자가 걸려 있다
중절모 바스크모 빵떡모 베레모

할아버지 증조 할아버지
할머니 증조 할머니
외할머니 외할아버지
어머니 외삼촌
모자가 걸려 있다

사만 명의 유보트 대원 중 삼만 명이
돌아오지 못했다
삼만 개의 하얀 모자도 걸려 있다
나의 중학교 교모도 걸려 있다

죽은 사람의 모자를 거는
모자나무
죽은 사람의 눈에만 보이는
모자나무

살아있다고 다 살아있는 것이 아니다

—「모자나무」 전문

①: "항복"했다고 했다. 패배를 인정하고 있다("살아 있다는 것은/ 졌다는 것이다"). 죽은 거나 마찬가지라고 했다. 아니 죽었다고 하고 있다. "죽은 나무"는 시적 화자의 구체화로 보인다. ②에서도 시적 화자는 '죽은 자'로 나온다. 이미 "중학교" 때 죽은 자로 나온다.

항복은 항복이고 패배는 패배이고 죽음은 죽음이다. 그런데 왜 알리는 것일까. 왜 詩로 알리는 것일까.

첫째, 패배를 '마음 속'에 그냥 놔두면, 항복을 마음 속에 그냥 놔두면, 죽음을(혹은 죽음과 같은 상태를) 마음 속에 그냥 놔두면 터져버릴 것같기 때문이다. 패배라고, 항복이라고, 죽음이라고 발음해야 살 것같기 때문이다. 그래야 패배가 주는 죽을 맛이 지나갈 것 같고, 항복이 주는 죽을 맛이 지나갈 것 같고, 죽음이 주는 죽을 맛이 지나갈 것 같기 때문이다. 널리 알리면 더 이상 나만의 항복, 나만의 패배, 나만의 죽음이 아니기 때문이다. 정신치료를 받을 때 '내가 이 세상의 단 하나뿐인 경우'가 아니라는 사실을 알게 되는 것과 같다. 단 하나뿐인 고통이 아니라, '여럿의 고통'이 되는 순간 '나의 고통'은 아우라를 상실한다. 고통의 엔트로피는 감소하는 쪽으로 진행된다.

둘째, '미적 쾌감'의 문제이다. 아름다운 항복, 아름다운 패배, 아름다운 죽음으로 보이게 하는 것이다. 혹은 낯선 항복, 낯선 패배, 낯선 죽음으로 보이게 하는 것이다. 고통이 아름답게 보여진다면, 고통이 낯설게 보여진다면, 고통은 본래적 의미의 고통에서 멀어진다. 고통을 즐기는 것과 같다. 항복, 패배, 죽음들을 즐기는 것과 같다. 시적 화자는 마치 항복, 패배, 죽음들을 '재산'으로 여기는 듯하다.

> 사과나무가 불안한 것은 사과가 떨어지기 때문이다. 꼭 떨어지기 때문이다. 불안에는 요행이 없다. 불안은 이루어진다. 불안이 이루어지지 않는 경우는 불안을 꿈꿀 때이다. 불안을 꿈꾸면 불안은 이루어지지 않는다. 사과나무의 사과는 떨어지지 않는다. 아직 남아있는 사과나무의 사과알들을 보라. 불안을 꿈꾸는 사과알들이다. 떨어지지 않는 사과알들이다. 떨어지지 않으려고 불안을 꿈꾸는 사과들은 아니다. 떨어지지 않으려고 불안을 꿈꾸는 사과들은 더 빨리 떨어진다. 떨어지지 않으려는 것이지 불안을 꿈꾸는 것은 아니기 때문이다. 아직 남아있는 사과나무의 사과알들은 오로지 불안을 꿈꾼 사과알들이다. 떨어져주려고, 기꺼이 떨어져주려고 마음먹은 사과알들이다. 불안에 쾌히 시달리자는 사과알들이다. 불안을 꿈꾸는 사과나무의 꿈은 이루어지지 않는 꿈이다. 이루어지지 않는 것이 이루어지는 것이다.
>
> —「사과나무의 불안」 전문

두통으로부터 멀어지려고 하면 할수록 두통은 더 가까이 온다. 두통보고 가까이 오라고 하면 할수록, 두통을 기꺼이 받겠다고 하면 할수록, 두통은 더 멀어진다. 두통은 엄습하지 않는다. 그러나 두통을 겪지 않으려고 두통보고 (가까이) 오라고 하면 두통은 멀어지지 않는다. 두통은 엄습한다. 두통을 관장하는 '대왕'은 진짜와 가짜를 구별할 줄 안다. 정말 두통을 오라고 하는 것인지, 아니면 두통을 겪지 않으려고 두통을 오라고 하는 것인지, 구별할 줄 안다. 「사과나무의 불안」은 '불안'에 대한 시이다. 어디에서도 두통을 얘기하지 않았지만 '두통에 대한 불안'에 대한 시이다.

첫째, 두통이 오는 경로를 명확히 밝힘으로써 두통에서 벗어나려고 하는 시도이다. '두통의 신비'를 파헤침으로써 두통에서 벗어나려고 하는 시도이다. 신비하지 않은 두통은 더 이상 두통이 아니다. 밝혀진 비밀이 더 이상 비밀이 아닌 것과 같다. 둘째, 두통을 고백함으로써, 널리 알림으로써, 두통, 혹은 두통의 불안에서 벗어나려는 시도이다. 「죽은 나무가 나무다」, 「모자나무」들에서처럼 '이 세상에서 단 하나뿐인 경우라는 생각'에서 벗어나려는 것이다. 그럼으로써 두통에서 벗어나려는 것이다. 여러 사람이 아는 두통은

(혹은 여러 사람이 '이해'하는 두통은) 여러 사람과 나누는 두통이다. 아우라를 상실한 두통은 본래적 효력을 상실한 두통이다. 두통이 아우라를 상실한 것을 알게 된 두통의 주체는 두통을 이전처럼 애지중지하지 않게 된다. 두통을 심각하게 생각하지 않게 된다. 두통이 치료될지 모르는 일이다.

03

결핍이 시를 쓰게 한다

1

'철학적 인간학'이라는 분야가 있다. '인간이란 무엇인가'를 집중적으로 궁구하는 과학의 한 분야이다.

철학적 인간학은 칸트에서 본격적으로 시작되었다고 할 수 있다. 칸트는 『순수이성비판』(1781)에서 철학의 문제를 "나는 무엇을 할 수 있는가", "나는 무엇을 해야 하는가", "나는 무엇을 바랄 수 있는가"라는 세 가지 문제로 압축시킬 수 있다고 하였다. 그후 『논리학 강의』(1800)에서 이 세 가지 문제는 "인간이란 무엇인가"라는 문제로 다시 압축된다고 하였다. 칸트의 3개의 비판서 『순수이성비판』, 『실천이성비판』, 『판단력비판』 들을 각각 진리를 추구하는 인간, 선을 추구하는 인간, 미를 추구하는 인간에 대한 탐구라고 할 수 있다.

호모 사피엔스, 호머 파버, 호모 루덴스, 호모 에코노미쿠스들도 넓은 의미에서 철학적 인간학의 용어들이라고 할 수 있다. 헤겔의 관념론, 포이어바흐 · 헤켈들의 유물론들도 철학적 인간학의 영토에 포함시킬 수 있다. 헤겔은 '의식이 존재를 결정한다Bewusstsein bestimmt Sein'는 입장이고, 포이어바흐 · 헤켈들은 '존재가 의식을 결정한다Sein bestimmt Bewusstsein'는 입장이다. 후자는 인간을 물질의 존재라고 한 것이고, 전자는 인간을 의식의 존재라고 한 것이다. 니체가 인간을 '극복되어야 할 존재'라고 했을 때 이 역시 철학적 인간학의 영토에 포함시킬 수 있다. 위버멘쉬 사상을 철학적 인간학의 영토에 포함시킬 수 있다. 프로이트의 범성욕주의도 물론 철학적 인간학에서 논할 수 있다.

2

철학적 인간학의 중요한 담당자 중의 하나인 겔렌은 인간을 "결핍의 존재"라고 하였다.

결핍의 존재에는 '가장 결핍된 존재'라는 뜻이 담겨 있다. 어류는 체외수정을 하여 알을 낳는다. 그리고 알은 일정 시간이 되면 대부분 어미의 도움 없이 저절로 부화한다. 부화된 새끼들은 많은 경우 금방 생존활동을 시작한다. 이와 달리 조류는 부화되기 전부터 어미의 도움을 받는다. 부화되고 나서도 얼마동안은 어미의 도움을 받는다. 어미가 물어다주는 먹이를 먹고 자란다. 양서류, 파충류, 포유류로 갈수록 어미가 새끼들을 '부화'시키고 양육하는 시간이 길어진다. 진화한 종일수록 어미가 새끼를 돌보아주어야 하는 시간이 길다. 어미들 중 인간의 어미가 嬰兒를 가장 오래 보살핀다. 가장 결핍된 존재로 태어나는 것이 인간이라고 할 수 있다.

그러나 사실은 인간만이 결핍된 존재이다. 인간만이 '결핍을 의식하는 존재'이기 때문이다. 결핍을 의식하지 못하는 존재를 '결핍의 존재'라고 할 수 없다. 결핍이 있더라도 결핍의 존재라고 할 수 없다.

예술가가 되(려)는 사람들은 보통의 사람들보다 '더 많이' 결핍된 자들이다. 정확히 말하면 사실은 그렇지 않은데 더 많이 결핍되었다고 느끼는 자들이다.

더 많이 결핍되었기 때문에, 아니, 더 많이 결핍되었다고 느끼기 때문에, 결핍을 채우려는 욕구가 더 강하다.

문학예술이 그들에게는 결핍의 배출구가 된다. 정

확히 말하면 그들은 문학예술로 결핍을 채우려고 한다. 문학예술로 결핍을 치료하려고 한다.

문학예술가들이 괴짜 · 기인들로 보이는 것도 이런 이유 때문이다. 그들은 더 많이 결핍된 자들이기 때문이다. 더 많이 결핍되었다고 느끼는 자들이기 때문이다. 결핍을 채우려는 욕구가 더 강하기 때문이다. 문학예술로도 결핍을 채우지 못한 자들은, 결핍을 치료하지 못한 자들은, 사회에서 격리되는 길을 걷게 된다. 미치거나 자발적으로 죽는다.

3

문학예술을 통해 결핍을 채우려고 하는 것은, 결핍을 치료하려고 하는 것은, 아리스토텔레스의 『시학』으로까지 거슬러 올라간다. 아리스토텔레스는 비극에서의 관객의 '동정의 경험 · 공포의 경험'들을 동정의 배설 · 공포의 배설들로 파악하였다. 배설이 치료였다. 동정과 공포를 배설하게 함으로써 평상시에 동정과 공포에 시달리지 않게 하는 것이기 때문이다. 혹은 동정과 공포를 미연에 예방하는 것이기 때문이다. 아리스토텔레스에 의하면 동정과 공포와 같은 격정들은 일상생활을 '제대로' 영위하는데 방해가 되는 것들이었다. 일상생활을 제대로 영위하려면 평상심의 유지가 중요했다. 동정 · 공포와 같은 격정들이 평상심을 깨뜨리는 것이었다.

이를테면 우리는 일상생활에서 여러 공포를 경험한다. 사형수의 공포에는 필적할 수 없을지언정 죽음이 임박했을 때를 생각하고 몸을 벌벌 떨기도 한다. 죽음이 두렵지 않다고 말하는(혹은 생각하는) 것은 대부분 '참'이 아니기 쉽다. 죽음이 임박했을 때를 제대로 상상하지 못해서 그런 것이기 쉽다. 그러나 죽음이 임박했을 때를 제대로 상상하지 못하는 것이 나을 수 있다. 죽음이 임박했을 때를 제대로 상상하는 것은 '재앙'이기 쉽기 때문이다. 재앙이라고 한 것은 죽음이 임박했을 때를 제대로 상상하는 것이 공포를 체험하는 것이기 때문이다. '비극'이 이러한 공포('죽음에 대한 공포'를 포함한 여러 공포)를 '대신해준다고 하면'(혹은 배설해준다고 하면) 비극은 치료의 役을 하는 것이다. '공포로부터의 치유', 아리스토텔레스의 비극론을 이렇게 명명할 수 있다.

아리스토텔레스의 비극론은 계몽주의자 레싱에 이르러 다르게 수용된다. 레싱은 비극은 동정과 공포를 연습시킴으로써 — 공포는 '자기 자신에 대한 동정'이다. 즉 '저런' 비극적인 일이 자기 자신에게도 일어날

지 모른다고 느끼는 마음에 대한 명명이 공포이다 — 이웃의 불행에 더욱 민감하게 반응하게 한다고 하였다. 레싱에 의하면 '가장 동정을 잘 느끼는 인간'이 최고의 인간이었다. '이웃의 불행에 대한 치유', 레싱의 비극론을 이렇게 명명할 수 있다.

아리스토텔레스의 '동정과 공포의 미학'이 '자기 자신'에게 향해 있다면, 레싱의 동정과 공포의 미학은 '이웃'에게 향해 있다.

4

결핍에도 순서가 있을 것이다. 최고의 결핍은 유한적 존재라는 것일 것이다. 정확히 말하면 유한적 존재에 대한 의식이 최고의 결핍일 것이다. 유한적 존재라고 하더라도 유한적 존재를 느끼지 못하면 유한적 존재라고 할 수 없다. 문학예술가들은 유한적 존재라는 것을 유난히 더 의식하는 존재이다. 유한적 존재를 유난히 의식하는 존재로 또한 철학자들이 있다. 그들은 유한적 존재를 '세계내적 존재'로 부르기도 한다. 세계외적 존재는 물론 신이다. 유한적 존재를 의식하는 존재들은 '세상 일'에서 비켜 서 있을 수밖에 없다. '세상 일'에는 '유한적 존재에 대한 의식'이 대부분 포함되어 있지 않기 일쑤이기 때문이다. 세상 일에서 '약간, 혹은 많이' 비켜 서 있다고 간주되는 문학예술가들(혹은 철학가들)이 있다면 바로 이런 이유 때문이다. 세상 일이 중요한 만큼 세상 바깥 일도 중요하다. 다음 시가 세상 바깥 일과 세상 안의 일을 동시에 논한 시이다. 박찬일의 시이다.

하늘하늘 날아다니다가
하늘 바깥을 궁금해 하다가
평생을 다 보낸 자

하늘 아래 것을 다 놓친 자

물구덩이에 빠졌다
물구덩이에 하늘이 비치고 있다

나비의 원수는 날개
나비의 원수는 하늘

—「나는 나비의 이름 1」 전문

"하늘 바깥", 즉 '세상 바깥'을 궁구하다가 "하늘 아래 것", 즉 '세상 안의 것'을 다 놓쳤다고 하였다.

형이상학 때문에 형이하학을 놓쳤다고 한 것과 같다. 그러면, 다시 태어나면, '하늘 아래 것'[세상 안의 것]만 바라보고 살까. 자신할 수 없다. 다시 '세상 바깥'만 궁구하다가 "물구덩이에 빠"져 죽을지 모른다. 물구덩이에 비친 하늘이 진짜 하늘인 줄 알고 다시 물구덩이에 날아들어 죽을지 모른다. 자신을 죽인 "원수"인 줄도 모르고 '다시' "하늘하늘 날아 […] 하늘"로 갈지 모른다. 원수가 다시 원수가 될지 모른다. '하늘 바깥'은 물론 '세계외적 존재로서의 神'에 대한 알레고리이다.

다시 물어보자. 왜 '죽음의 시'를 쓰는가. 인간은 '죽음의 느낌'[죽음感]에 의해 결핍되어 있는 존재이기 때문이다. 죽음의 시를 쓰면 죽음感에, 궁극적으로 죽음에, 익숙해질 수 있을 것 같다. 볼링이 느는 것처럼 죽음도 늘 수 있을 것 같다. '죽음에 의한 결핍'을 치료할 수 있을 것 같기 때문이다.

죽은 지 1년이 되었는데도
아무 일도 일어나지 않았다
죽은 지 2년이 되었는데도
아무 일도 일어나지 않았다
죽은 지 3년이 되었는데도

아무 일도 일어나지 않았다
죽은 지 4년이 되었는데도
아무 일도 일어나지 않았다
죽은 지 5년이 되었는데도
아무 일도 일어나지 않았다
죽은 지 6년이 되었는데도
아무 일도 일어나지 않았다
죽은 지 7년이 되었는데도
아무 일도 일어나지 않았다
죽은 것이다

— 박찬일, 「죽음에 대한 한 연구」 전문

기독교의 하나님은 여섯 번째 날에 인간을 창조하고 일곱 번째 날에 안식을 취하셨다. 시적 자아는 사랑했던 사람을 칠 년 동안 기다렸다. 다시 살아나기를 기다렸다. '다시 창조되기를 기다렸다.' 그러나 "아무 일도 일어나지 않았다". 그는 돌아오지 않았다. 그는 사라졌다, 이 지상에서 영원히.

'7년 동안'(혹은 끝없이) 기다리고 있는 자의 고통은 대단한 고통이다. '누구도 대신할 수 없는 혼자만의 고통' 같은 것이다. '이 세상에서 단 하나뿐인 경우'의 고통으로 인식될 수 있다. 그러나 이 고통을 널리 알렸을 때 이 고통은 더 이상 누구도 대신할 수 없는 혼자만의 고통, 이 세상에서 단 하나뿐인 경우의 고통이 아닐 수 있다. 고통이 아우라를 상실하였기 때문이다. 아우라를 상실한 고통은 아우라를 상실하기 이전의 고통과 같을 수 없다. 數名이 읽었다면 고통은 數名 分의 一로, 數十 名이 읽었다면 고통은 數十名 分의 一로 줄어들었을 수 있다.

5

죽음에 의한 결핍(감)만 있는 것은 아니다. 물질에 의한 결핍감, 정확히 말하면 물질에 의한 궁핍감도 있다. '이웃의 불행'에 의한 결핍감도 있다. 다음은 필자의 「썸싱 스페셜」 부분이다.

> 분단국에 사는 외롭다고 하는 이들 절망에 빠져 있는 이들
> 혹은 이웃의 행복 때문에 행복하지 않은 이들
> 혹은 이웃의 불행 때문에 행복하지 않은 이들
> 이들에겐 오래 전부터
> 분단국의 꿈이 있다고 하더라
> 전쟁이 일어나면 달라지리라 모든 건 평평해지리라
> 분단국의 외롭다고 하는 이들 절망하는 이들

이웃의 행복 때문에 행복하지 않은 이들
혹은 이웃의 불행 때문에 행복하지 않은 이들의 마지막 꿈
그것은 전쟁이라고 하더라

'나의 이웃이 불행해도 나만 행복하면 된다.' 이것은 자유경쟁주의를 원리로 하는 자본주의의 철학에 가깝다. 나의 이웃이 불행하면 나도 불행하다, 이것은 평등주의를 원리로 하는 사회주의의 철학에 가깝다. 1989년 베를린 장벽이 무너지며 시작된 '세계사적 대전환' 이후, 그리고 그 이후의 'IMF 시대'를 통과하면서, '나의 이웃이 불행해도 나만 행복하면 된다'는 철학은 더욱 확고하게 자리잡는 듯하다. 소위 신자유주의의 시대, 무한 경쟁의 시대에 이기는 자는 이기는 자, 지는 자는 지는 자일 뿐 더 이상의 고려는 없는 것으로 보인다. 강한 자는 살아남고 약한 자는 도태된다. 살아남은 자는 슬퍼하지 않는다.

"이웃의 행복 때문에 행복하지 않은 이들"은 '궁핍한 자들'에 대한 알레고리이다. "이웃의 불행 때문에 행복하지 않은 이들"은 궁핍한 자들을 동고(同苦)하는 자들이다. '궁핍한 자들을 同苦하는 자들'에 대한 알레고리이다. 同苦의 다른 말은 동정, 혹은 연민이다.

격정 중의 격정을 同苦라고 할 수 있다. 예수와 석가들을 보라. 그들의 세계에 대한 同苦가 그들로 하여금 십자가를 지게 했다. 왕궁을 버리게 했다.

"전쟁이 일어나면 달라지리라 모든 건 평평해지리라"는 궁핍한 자들의, 궁핍한 자들을 同苦하는 자들의, '출구 없는 상황'에 대한 알레고리이다

강조하면, '이웃의 불행'이라는 결핍이 이 시를 쓰게 했다고 할 수 있다.

04

'악덕의 문학' 試論

1 부동산 투기 · 주식 투기

부동산 투기라고 불렀던 적이 있었다. 지금은 부동산 투자라고 부른다. 부동산 투자를 해서 돈 번 자를 부러운 눈으로 쳐다본다. '부동산 투기라고 해도 좋다. 돈 좀 벌었으면 좋겠다.' 증권 투기라고 불렀던 적은 더 아득하다. 친구들과 '주식 투자/주식 투기'에 대해 논전을 벌인 적이 있었다. 주식 투기라고 한 數가 주식 투자라고 한 數보다 많았다. 지금은 그렇지 않다. 주식 투자를 해서 돈 번 자를 부러운 눈으로 쳐다본다. '주식 투기'라고 해도 좋다. 대박 좀 맞았으면 좋겠다. '모럴 해저드'에 대해 분개한 적이 있었다. 천민자본주의에 대해 분개한 적이 있었다.

결과가 중요하다. 과정은 중요하지 않다. '어떻게'는 중요하지 않다. 결과가 승부를 결정짓는다. 과정이 중요하지 않으므로 과정의 선과 악도 중요하지 않다. 선으로 결과에 도달하였든, 악으로 결과에 도달하였든, 상관하지 않는다.

시민 독재를 위해, 혹은 프롤레타리아 독재를 위해, 폭력을 정당화했던 그동안의 혁명들을 비난한 적이 있었다. 목적이 수단을 정당화하였다고 비난한 적이 있었다. 자유주의자들을 비난한 적이 있었다. 그들이 지금 부동산 투기와 주식 투기에 열을 올리고 있다. 목적을 위해 수단과 방법을 안 가리고 있다.

2 임권택 · 김기덕

"김중배의 다이아몬드가 그렇게 좋더냐?" 이수일이 심순애에게 한 말이다. "사랑을 따르자니 수일에겐 황금이 없고 돈을 따르자니 김중배에겐 애정이 없더란 말인가?" 역시 이수일이 심순애에게 한 말이다. "이 황금버러지! 치사한 배금주의자! 남의 꽃을 탈취하려는 비겁자!" 이수일이 김중배에게 한 말이다. 지금 누가 심순애를 욕하는가. 김중배를 욕하는가. 이수일을 동정하는가. 심순애를 욕하고, 김중배를 욕하고, 이수일을 동정한 적이 있었다.

임권택 감독의 많은 영화들은 민속적, 민족적 소재들을 취하고 있다. 「씨받이」, 「서편제」, 「태백산맥」, 「취화선」 등이 민속적, 민족적 소재들이다. 임권택 감독의 세계적 성공은 '가장 민족적인 것이 가장 세계적'이라는 명제에 충실했기 때문으로 보인다. 「씨받이」, 「서편제」, 「태백산맥」, 「취화선」 등은 인류의 '문화 유산 목록'을 늘리는데 기여하였다. '韓國的'의 세계화에 기여하였다.

문제는 임권택 감독과 김기덕 감독의 대조이다. 김기덕 감독이 세계적 영화제에서 새롭게 주목을 받고 있다. 김기덕 감독은 민속적, 민족적 주제들을 다루지 않는다. 김기덕 감독은 '가장 민족적인 것이 가장 세계적'이라는 명제에 부합하지 않는 영화들로 세계적 영화제의 주목을 받았다. '인류의 보편적' 소재로 세계적 영화제의 주목을 받았다. 2004년 베를린 영화제에서 경쟁 부문 감독상을 받은 「사마리아」는 '원조교제'가 소재였고, 같은 해 베네치아 영화제에서 경쟁 부분 감독상을 받은 「빈 집」은 '무단 가택 침입'이 소재였다. 특히 주인공 선화가 남편과 포옹하면서 동시에 남편 뒤에 있는 태석과 키스를 나누는 장면은

매우 충격적이었다.

임권택 감독의 시대는 가고 김기덕 감독의 시대가 도래하였다고 말하려는 것이 아니다. 김기덕 감독의 영화 소재들에 주목하는 것이다. 악덕의 소재들에 주목하는 것이다. 악덕을 당당히 주장하는 것에 주목하는 것이다. 악덕을 당당하게, 아무렇지도 않게, 받아들이는 '사회'에 주목하는 것이다.

「나쁜 남자」(김기덕)의 "나쁜 남자"는 사랑하는 여자를 자신이 사랑하지 않고 남이 사랑하게 하고 있다. 사랑하는 여자가 몸을 팔게 하고 있다. 구식으로 말하면 '나쁜 남자'는 기둥서방이다. 문제는 나쁜 남자가 나쁜 남자로 여겨지지 않는다는 사실에 있다. 나쁜 남자가 도덕적으로 단죄되지 않는 데에 있다. 생산미학적으로도 그렇고 영향미학적으로도 그렇다. '요상한 꼴 다 보겠네'라고 하는 것은 욕이 아니다.

3 프로이트 · 니체 · 추의 미학

악덕 예찬을 프로이트의 범성욕주의와 관계없다고 할 수 없다. 악덕은 무의식 속에 있는 이드id와 같은 것으로 억제되어야만 할 것들이었다. 에고ego에 의해 억제되고 수퍼에고superego에 의해 억제되어야만 할 것들이었다. 꿈에서나 나타날 수 있는 것들이었다. 그것도 그냥 나타나는 것이 아니라, 수퍼에고의 참견에 의해, 압축과 전치로, 혹은 드라마로 나타나야 할 것들이었다. 그 악덕이 꿈에서 나와 거리를 활보하고 있다. TV 속에서 활보하고, 영화 속에서 활보하고 있다. 문학 속에서 활보하고 있다.

악덕 예찬을 니체의 몰락 예찬과 관계없다고 할 수 없다. 신의 죽음이 용인된다면 인간의 죽음도 용인된다. 천국과 지옥이 없다면 인간의 죽음은 '영원한 죽음'이다.

인간의 죽음[몰락]이 용인된다면 용인되지 않을 것이 없다. 권력이 용인되고 불평등이 용인되고 욕정이 용인된다. 니체 철학이 죽음의 철학이면서 동시에 삶의 철학인 이유가 여기에 있다. 삶이 전면적으로 긍정된다. 삶의 모든 세목들이 긍정된다.[1)]

악덕 예찬을 '추의 미학'과 관계없다고 할 수 없다. 추의 미학이 문학에 보편적으로 자리잡게 된 것은 19

1) '위버멘쉬'가 삶의 모든 세목들을 긍정하는 자이다. 죽음까지도 긍정하는 자이다. 기꺼이 몰락하려는 자이다. 자신이 자신의 근거가 되는 삶을 사는 자, 신에게 의탁하지 않는 삶을 사는 자이다. 이른바 군주도덕을 가진 자이다. 군주도덕의 반대는 노예도덕이다. 자신이 자신의 근거가 되는 삶을 살지 않는 자, 신에게 의탁하는 삶을 사는 자의 도덕이다.

세기 후반 자연주의 문학 이후부터이다. 자연주의 문학은 산업화시대의 문학이었다. 역사상 처음으로 제4계급이 문학의 전면에 등장하게 되었다. '고귀한 자'들은 문학의 전면에서 자취를 감추었다. 노동자계급뿐만 아니라, 창부, 알콜중독자, 정신병자들이 자연주의 문학의 단골 주인공들이었다. '추하고 역겨운 것들에 대한 묘사'가 자연주의 문학을 일컫는 말이었다. 알베르티C. Alberti가 자연주의 시대의 '추의 미학'을 강령화하였다.

> 옛 미학은 아름다움의 이론이고 새 미학은 예술적인 것의 이론이다[2)]

"옛 미학"은 진선미의 미학을 말하는 것이다. "새 미학"은 추의 미학을 말하는 것이다. 추의 미학을 "예술적인 것의 이론"이라고 한 것은 더 이상 미/추, 선/악의 구분이 문제되는 것이 아닌, 예술적인 것이 문제된다고 한 것이다. 추(혹은 악)가 예술적이라면

---

2) C. Alberti, Natur und Kunst. Beiträge zur Untersuchung ihres gegenseitigen Verhältnisses, in: Theorie des Naturalismus, hrsg. v. Th. Meyer, Stuttgart 1984, 155-157면 참조.

추(혹은 악)도 용인된다는 것이다. 일찍이 쉴레겔F. Schlegel도 미/추, 선/악의 구분 대신 흥미로움/지루함의 코드를 사용하였다.

4 이형기 · 최승호

최승호는 「봄밤」에서

> 꽃들이 낙화를 두려워하지 않으면서
> 만발하는 봄밤

이라고 읊었다. "꽃들"은 "낙화를 두려워하지 않"고 "만발"한다고 하였다. '만발'은 잠시이고 '낙화'는 영원임에도 불구하고 만발하겠다고 하는 것은 몰락을 두려워하지 않는 태도이다. 죽음을 포함한 삶을 전면적으로 긍정하는 태도이다.

최승호의 「봄밤」과 이형기의 「낙화」는 상호텍스트성의 관계에 있다. 최승호의 「봄밤」도 낙화를 소재로 하였고 이형기의 「낙화」도 낙화를 소재로 하였다. 상호텍스트성의 고리는 '몰락'이다.

가야 할 때가 언제인가를
분명히 알고 가는 이의
뒷모습은 얼마나 아름다운가

봄 한철
激情을 인내한
나의 사랑은 지고 있다.

분분한 낙화……
訣別이 이룩하는 축복에 싸여
지금은 가야할 때, 무성한 녹음과 그리고
머지 않아 열매 맺는
가을을 향하여

나의 청춘은 꽃답게 죽는다.

헤어지자

—「洛花」 부분

몰락 예찬이 점층적으로 이루어지고 있다. "가는 이의/ 뒷모습"이 "아름"답다고 한 것이 몰락 예찬의 발단이고, "분분한 낙화……/ 訣別이 이룩하는 축복", "지금은 가야 할 때 […] 가을을 향하여"라고 한 것이 몰락 예찬의 전개이고, “나의 청춘은 꽃답게 죽는다// 헤어지자”라고 한 것이 몰락 예찬의 대단원이다.[3]

햇볕이 쬐지 않는 곳
그러므로 파멸하지 않는 곳

그러므로 햇볕을 쬐러 나가려고 한다
몰락해서
그러므로 살았던 자의 임무를
다하려고 한다

필자의 「내 집」 전문이다. “몰락”을 자청하고 있다. 집 안에서 집 밖으로 “나가”는 것이 몰락이었다. “햇볕을 쬐”는 것이 몰락이었다. ‘집 밖’과 ‘햇볕을 쬐는 것’을 몰락의 알레고리로 사용하였다. “살았던 자의 임무”를 몰락이라고 하면서 몰락을 강조하고 있다.

5 문정희 · 함성호

함성호의 「낙화유수」는 악덕의 파노라마이다.

---

3) 이형시 시에 나타난 악덕의 세목들에 대해서는 졸고, 「몰락의 시, 악덕의 시 – 이형기론」, 『시문학』, 2003. 6 참조.

네가 죽어도 나는 죽지 않으리라 우리의 옛 맹세를 저버리지만 그때는 진실했으니, 쓰면 뱉고 달면 삼키는 거지 꽃이 피는 날엔 목련꽃 담 밑에서 서성이고, 꽃이 질 땐 붉은 꽃나무 우거진 그늘로 옮겨가지 거기에서 나는 너의 애절을 통한할 뿐 나는 새로운 사랑의 가지에서 잠시 머물 뿐이니 이 잔인에 대해서 나는 아무 죄 없으니 마음이 일어나고 사라지는 걸, 배고파서 먹었으니 어쩔 수 없었으니, 남아일언이라도 나는 말과 행동이 다르니 단지, 변치 말자던 약속에는 절절했으니 나는 새로운 욕망에 사로잡힌 거지 운명이라고 해도 잡놈이라고 해도 나는, 지금, 순간 속에 있네 그대의 장구한 약속도 벌써 나는 잊었다네 그러나 모든 꽃들이 시든다고 해도 모든 진리가 인생의 덧없음을 속삭인다 해도 나는 말하고 싶네, 사랑한다고 사랑한다고…… 속절없이, 어찌할 수 없이

— 「낙화유수」 전문

'사랑의 시'이다. 그러나 전통적인 사랑의 시와는 사뭇 다른 사랑의 시이다. "쓰면 뱉고 달면 삼키"겠다, "마음이 일어나고 사라지는" 대로 살겠다고 하였다. "배고"프면 아무거나 "먹"겠다고 하였다. "남아일언 […] 변치 말자던 약속"도 "새로운 사랑 […] 새로운 욕망" 앞에서 맥을 못 춘다. 요컨대 이 시는 사랑의 맹세가 아닌 사랑의 배신을 노래하고 있다. 정절,

순수, 영원에 대한 다짐이 아닌, 배반, 변덕, 찰나적 욕망, 탐익을 예찬하고 있다. 진선미가 아닌 '추'를 노래하고 있다. 악덕을 노래하고 있다.

이 시의 핵심은 무엇보다도 후반부의 "모든 꽃들이 시든다고 해도 모든 진리가 인생의 덧없음을 속삭인다 해도 나는 말하고 싶네, 사랑한다고 사랑한다고……"라는 구절에 있다. 꽃이 시들지라도 꽃을 사랑하겠다는 것이다. 인생이 덧없다 하더라도 인생을 사랑하겠다는 것이다. '현재 긍정의 미학'이라고 할 수 있다.[4)]

문정희의 시가 무엇보다도 '현재 예찬적'이다.

> 어머니가 죽었는데
> 내 위장이 밥을 부르고 있었다.
>
> — 「조등이 있는 풍경」 부분

'눈물은 아래로 흐르고 밥술은 위로 올라간다'고 한 것이다. 어머니의 죽음과 '밥'은 별개라고 한 것이

---

4) 현재를 칭송하고 있다는 점에서, 그리고 배신, 변절, 변덕 등 악덕들을 칭송하고 있다는 점에서, '니체적'이라 하지 않을 수 없다. 니체는 대지를 전면적으로 긍정하자고 했으므로. 대지에는 배신, 변절, 변덕 등이 포함되므로.

다. 현재 예찬의 시는 악덕 예찬의 시일 수밖에 없다.5) 현재는 악덕의 현재이기 때문이다. 특히 시집 『남자를 위하여』(1996)와 『오라, 거짓 사랑아』(2001)에 악덕의 시편들이 많다. "고립"(「한계령을 위한 연가」)을 예찬하고, "방화범과 광녀와 불효 자식"(「바퀴벌레 한 마리도 똑같은 길을 가지 않는다」)을 예찬한다. "이 세상 모든 사랑은 무죄!"(「오늘밤 나는 쓸 수 있다」)라며 '모든 종류'의 사랑을 예찬한다. "세상에 못 맺을 사랑이란 없다"(「신라의 무명 시인 지귀」)고 하였다. 레즈비언을 소개하며 "시를 쓴다는 것은/ 자연과 맞서 싸우는 것인지도 모르지"라고 하고 있다(「레즈비언 테레사」). '자연'은 제도 · 법규의 자연이다. '남녀 결혼'이라는 제도 또한 냉소하고 있다. 결혼하는 여자들보고 "몸무게 다 버리는 여자들"(「목련꽃 그늘 아래서」)이라고 하였다.

문정희가 악덕 예찬을 명시적으로 밝힌 곳은 시집 『남자를 위하여』 '후기'에서이다. "나의 언어는 포르노나 음흉한 악녀를 꿈꾸며 낯설고 버르장머리 없는

---

5) 문정희의 시는 악덕 예찬의 절정이다. 문정희의 '악덕 예찬'에 관한 것은 졸고, 「현실 원칙에서 이상 원칙으로 — 문정희론」(『시와시학』, 2004. 여름) 참조. 필자는 여기에서 '악덕 예찬'의 앞 단계로 "반항", "군주근성", "파국 자청" 등을 제시하였다.

무법자가 되어 언제나 불새처럼 날고 싶다"고 말한다. 다음의 시도 악덕 예찬을 명시적으로 밝힌 것이라고 할 수 있다.

> 오늘은 술병 속에 살고 있는 광마를 타고
> 악마의 노래를 훔치러 간다 [···]
> 어디를 돌아봐도 혼자뿐인 날
> 절벽 앞에 술잔을 놓고
> 나는 악마의 입술에다 내 입술을 댄다
> 으흐흐! 세상이 이토록 쉬울 줄이야
>
> —「술」 부분

기독교적 상상력의 시가 있다면 반기독교적 상상력의 시가 있다. 이형기, 문정희, 최승호, 함성호의 시들이 반기독교적 상상력의 시이다. 그들은 피안이 아닌 차안을, 내세가 아닌 현세를 중시하고 있다. 악덕을 포함한 대지를 전면적으로 긍정하고 있다.

05

이항대립체계 및 이항대립체계의 붕괴

이항대립체계는 세계 해석의 기본 틀이었다. 동양에서는 음/양이 그랬고 서양에서는 현상/본질, 혹은 현세/내세가 그랬다. 지옥/천국이 그랬고, 육체/영혼이 그랬다. 악/선, 추/미가 그랬다.

동양과 서양이 다른 것은 한쪽에 우위를 부여하는 일이었다. 음/양의 이항대립에서는 한쪽에 우위를 부여하지 않았으나, 현상/본질, 현세/내세, 지옥/천국, 육체/영혼, 악/선, 추/미 등의 이항대립에서는 한쪽에 우위를 부여하였다. (이항대립을 부정하는 세계도 물론 있다. 불교의 불이사상이 이항대립을 부정하였다. 불이사상에 의하면 서로 다른 '두 항목들'이 존재하지 않는다. 그러므로 두 항목들을 분별하지 않는다. 거꾸로, 두 항목들을 분별하지 않는 것은 두 항목들을 설정하지 않는 것과 같다.)

그렇다. 문제는 이항대립을 설정하면서 한쪽에 우위를 부여하는 것이었다. 남과 여를 구분하고 남에 우위를 부여하였다. 이성과 감성을 구분하고 이성에 우위를 구분하였다. 인간과 자연을 구분하고 인간에 우위를 부여하였다. 서양과 동양을 구분하고 서양에 우위를 부여하였다. 현상/본질, 현세/내세, 지옥/천국, 육체/영혼, 악/선, 추/미에서도 마찬가지였다. 본질, 내세, 천국, 영혼, 선, 미에 우위를 부여하였다.

이항대립을 구분하고 한 쪽에 우위를 구분하는 것은 '근대 이전과 근대 이후'[데카르트 이전과 이후]가 마찬가지였다. 근대 이전, 플라톤의 형이상학은 현상과 본질을 구분하고 본질에 우위를 부여하였다. 기독교에서는 현세와 내세, 혹은 차안과 피안을 구분하고 내세와 피안에 우위를 부여하였다. 간단히 신과 인간을 구분하고 신에 우위를 부여하였다고 할 수 있다.

근대 이전과 근대 이후의 이항대립의 차이는 내용의 차이였다. 이른바 '근대'라고 하는 것은 근대 이전의 신중심주의에 대한 부정에서 출발하였기 때문이다. 신 중심, 본질 중심, 내세 중심의 부정에서 출발하였기 때문이다. 근대는 '신중심주의의 부정 · 인간중심주의의 등장'이라고 간단히 정의할 수 있다. 근대 이전과 근대 이후를 통시적으로 보면 신중심주의와 인간중심주의의 병존이다. 신중심주의와 인간중심주의의 병존 또한 이항 대립이다. 한쪽에 우위를 부여하는 것도 마찬가지이다. 근대 이전에는 신에 우위를 부여하였고, 근대 이후에는 인간에 우위를 부여하였다.

근대 이후의 두드러진 이항 대립으로 이성과 감성, 남자와 여자, 인간과 자연, 서양과 동양을 말할 수 있다. 물론 이성이 강조되고 남자가 강조되고 인간이 강조되었다. 서양이 강조되었다.

다시 말하지만 근대 이전과 근대 이후의 '이항 형식'은 변동이 없었다. '이항 내용'에 변동이 있었다. 중심을 설정하는 것도, 혹은 우위를 부여하는 것도 변동이 없었다. 다시 말하지만 근대 이전에는 신에 중심을 설정하였고, 근대 이후에는 인간에 중심을 설정하였다. 혹은 인간의 이성에 중심을 설정하였다. 중심주의는 마찬가지였다.

중심과 배제는 동전의 앞뒷면이다. 중심을 설정하였다면 또한 억압을 설정한 것이다. 배제를 설정한 것이다. 근대 이후의 한쪽 항에 대한 또 다른 한쪽 항에 대한 우위를 '동일자에 의한 타자의 억압'이라는 개념으로 설명할 수 있다.

동일자는 '주체'의 다른 말이다. 항상 동일한, 분열이 없는, 주체의 이름이다. 이성적 주체이다. 항상 동일한 자에게, 분열이 없는 자에게, 자신말고는 모든 것이 타자이고 對象이다. 동일자는 타자를 설정하고, 타자와 대립하고, 타자를 억압한다. '동일하지 않은 자'는, 분열이 있는 자는, 타자를 설정하지 않는다. 자신 안에 타자를(혹은 타자들을) 두고 있기 때문이다. 자신 안에 타자를 두고 있는 자가 어찌 타자를 설정하고, 타자와 대립하고, 타자를 억압할 수 있겠는가. 자신을 억압할 수 있겠는가. 동일자는 호르크하이머에 의하면 "도구적 이성"(M.. Horkheimer, 『Zur Kritik der instrumentellen Vernunft』)의 다른 말이다. 혹은 '계몽'의 다른 말이다.

미와 추, 혹은 선과 악의 이항대립에 대해서 다르게 말할 수 있다. 근대 이전, 혹은 모더니즘 예술 이전에 미와 추에서 미가 절대적으로 강조되었고, 선과 악에서 선이 절대적으로 강조되었다. 근대 이후, 혹은 모더니즘 예술 이후에 그렇다고 악이 절대적으로 강조되고 추가 절대적으로 강조되지 않았다. 미와 추가, 선과 악이, 균등하게 대접받게 되었다. 다시 말하면 미와 추, 선과 악의 대립에서 근대 이전에는 한쪽에 우위가 부여되었으나 근대 이후에는 한쪽에 우위가 부여되지 않았다. 19세기말 자연주의문학에서 전면적으로 구체화된 이른바 '추의 미학'은 추를 강조하는 것이 아니었다. 악을 강조하는 것이 아니었다. 그동안 억눌렸던 추와 악이 전경화되면서 추와 악이 강조되는 것처럼 보였을 뿐이다.

영혼(혹은 정신)과 육체의 이항대립에 대해서도 다르게 말할 수 있다. 영혼과 육체를 나누고 영혼에 우위를 부여하는 것은 근대 이전과 근대 이후가, 혹은 데카르트 이전과 이후가, 마찬가지였다. 19세기 말 니체 이후에 다른 국면이 전개되었다.

바람과 비와 나무,
하얀 뼈와 소화기계통 순환기계통만 작동한다.
오만한 영혼에 의해 여태 보이지 않던 것,
천대받던 것들.
두 팔과 두 다리는 나를 골짜기 밑으로 안내하였다.

영혼은 육체에서 완전히 떨어져나갔다.
영혼은 영혼의 집으로 육체는 육체의 집이 있었다.

훨씬 가벼워진 몸의 무게,
온전히 감당해야할 무게가 나를 데리고
이 세상을 돌아다닐 것이다.

하늘에는 흰 구름이 떠가고 땅에는 노랑꽃이 피니
난 항상 배가 고플 것이다.

— 박찬일, 「아, 연하천이여」 전문

이 시 아래에는 다음과 같은 각주가 있었다.

1995년 여름, 호우주의보가 내린 어느 날, 지리산 연하천 산장을 지난 뒤 길을 잃었으나 육체의 도움으로 살아온 사람이 있었다.

지리산에서 길을 잃었을 때의 심경이 피력된 체험시라고 할 수 있다. 육체가 전면적으로 긍정되고 있다. 니체적으로 말하면 대지가 전면적으로 긍정되고 있다. 그동안 영혼/육체에서 영혼이 우대 받았고 육체가 홀대 받았으나 이 시에서는 거꾸로 육체가 우대받고 영혼이 홀대 받고 있다. "바람과 비와 나무"들은 육체와 인접의 관계에 있는 '바람과 비와 나무'들이었으며, "하얀 뼈와 소화기 계통 순환기 계통" 역시 육체와 인접의 관계에 있는 '하얀 뼈와 소화기 계통 순환기 계통'이었다. 뒤쪽의 "흰구름"과 "노랑꽃"

도 육체와 인접의 관계에 있는 '흰구름, 노랑꽃'이었다. 맨 끝의 "배가 고플 것이다"라고 한 것도 육체의 중요성을 강조한 것이다. 육체의 중요성은 무엇보다도 "두 팔과 두 다리는 나를 골짜기 밑으로 안내하였다"고 했을 때 최고도로 강조되었다. 육체 때문에 살았다고 한 것이다. 골짜기 위는 죽음의 세계였고 골짜기 아래는 삶의 세계였다. 죽음의 세계를 헤맬 때 영혼은 쓸모없는 것이었다. 두 팔과 두 다리가 쓸모 있는 것이었다. '사망의 음침한 골짜기'를 헤맬 때 나를 구한 것은 신적 가호가 아니라, 인간적 노력이라고 한 것으로 볼 수 있다. 신/인간에서 인간을 강조한 것으로 볼 수 있다.

이항대립의 관한 한 기형도의 시편들과 진은영의 시편들도 주목된다. 둘 다 세계내적 존재와 세계외적 존재를 설정하고 있다. 인간과 신을 설정하고 있다.

나의 죽은 귓속에서 푸른 귀뚜라미가 울고 있었다

— 진은영, 「메피스토 왈츠」 부분

하늘은 푸른 색 칸막이이다
좀더 위쪽의 신비를 가려놓은

— 진은영, 「소멸」 부분

진은영에게 '푸른 색'은 죽음의 푸른 색으로 보인다. 더 정확히 말하면 죽은 세계는 푸른 색의 세계로 보인다. "죽은 귓속에서 푸른 귀뚜라미"가 운다고 하였다. 죽으면 "푸른 색 칸막이"를 통과하여 푸른 색 세계로 나가는 것이다. 세계 바깥을 "신비"라고 한 것이 문제다. 신비와 동경은 인접의 관계에 있다. 노발리스가 동경한 것이 푸른 꽃의 푸른 색의 세계였다. '여기'의 세계가 아니라, '거기'의 세계였다.

> 어떤 날은 두꺼운 공중의 종잇장 위에
> 노랗고 딱딱한 태양이 걸릴 때까지
>
> — 기형도, 「안개」 부분

> 낮은 지붕들 사이에 끼인
> 하늘은 딱딱한 널빤지처럼 떠 있다
>
> — 기형도, 「白夜」 부분

기형도에게도 '거기'가 동경의 대상으로 보인다. '여기'는 "노랗고 딱딱한 태양"이 있는 곳, "두꺼운 공중의 종잇장" 안의 세계이기 때문이다. 노랗고 딱딱한 태양을 마음에 드는 태양이라고 볼 수 없다. 여기에서 보는 "하늘"은 "딱딱한 널빤지"처럼 보이지만 저기 세계 바깥에서 보는 하늘은 그렇지 않을지도 모른다. 말랑말랑한 솜사탕처럼 보일지도 모른다. 문제는 마음이다. 마음이 딱딱한 널빤지처럼 보이게도 하고 말랑말랑한 솜사탕처럼 보이게도 한다.

이항대립체계의 해체에 기여한 것은 이저, 야우스 등의 수용미학("모든 사람은 다르게 읽는다")에 이어 데리다의 해체주의 사상이었다. 해체주의는 이항대립체계 또한 해체시켰다. 열쇠어는 '차연'이었다. 공간적 차이와 시간적 연기에 의해 텍스트는 무한한 수로 존재하고, 무한히 연기된다. 텍스트는 확정되지 않는다. 확정된 의미는 존재하지 않는다. 이를테면 확정된 남자, 확정된 여자는 존재하지 않는다. 텍스트 해체의 결과는 또한 '확정적 저자'의 죽음이었다. 독서자들에 의한(수용미학), 혹은 독서자에 의한(해체주의) 확정되지 않은 '수많은' 텍스트가 존재할 뿐이다. 이항대립체계의 해체에 기여한 것으로 데리다 이전의 소쉬르의 '기표 기의 체계'를 말할 수 있다. 촘스키와 달리 소쉬르는 의미[기의]는 기표의 차이에 의해 파생되는 것으로 보았다. 본질적 의미는 애초부터 존재하지 않는 것이었다.

김춘수의 <처용단장> 2부의 한 구절을 보자

살려다오.
북 치는 어린 곰을 살려다오.
북을 살려다오.
오늘 하루만이라도 살려다오.
눈이 멎을 때까지라도 살려다오.

'북치는 어린 곰'과 '북'을 얘기하고 있다. '오늘 하루만'과 '눈이 멎을 때까지'를 얘기하고 있다. '두 개의 항'을 얘기하고 있다. 문제는 어느 한쪽 항에도 우위를 두지 않는 것이다. "북 치는 어린 곰을 살려다오"라고 했다가 "북을 살려다오"라고 하고 있다. "오늘 하루만이라도 살려다오"라고 했다가 "눈이 멎을 때까지라도 살려다오"라고 하고 있다. 더 중요한 문제는 의미의 확정이 계속 지연되고 있다는 점이다. 의미가 확정되려고 하면 또 다른 의미의 항을 넣어 앞의 의미를 부인시키고 있다. 의미의 지연이 무의미이다. 무의미와 차연은 인접의 관계에 있다.

두 개의 항만 있는 것이 아니다. 무한한 항을 설정해 계속 의미의 확정을 지연시킬 수 있다.

구름 발바닥을 보여다오.
풀 발바닥을 보여다오.

그대가 바람이라면
보여다오.
별 겨드랑이를 보여다오.

역시 <처용단장> 제2부 부분이다. "구름 발바닥을 보여"달라고 했다가 "풀 발바닥을 보여"달라고 하고 있다. 구름과 풀만 있는 것이 아니다. 별 겨드랑이도 있다. "별 겨드랑이"도 "보여"달라고 하고 있다. 문제는 이항이 아닌 '세 개의 항', 혹은 '세 개의 항 이상'에 있는 것만이 아니다. '구름'과 '풀'과 '별 겨드랑이' 상호간에 아무런 관계가 없는 것이다. 이항만 붕괴시킨 것이 아니라 대립체계도 붕괴시킨 것이다. 의미의 확정을 계속 지연시킨 것은 마찬가지이다.

이승훈의 다음 시에서도 이항대립의 붕괴, 의미의 붕괴를 말할 수 있다. 차연을 말할 수 있다.

서울에 오는 눈이 춘천에도 오고
춘천에 오는 눈 속엔 누가 있나
춘천에 오는 눈 속엔 춘천이 있
고 서울에 오는 눈 속엔 서울이
있네 서울에 오는 눈이 진주에도
오고 부산에도 오고 수원에도 오

네 오늘 하루종일 내리는 눈발
속에 하루가 내리고 오늘 오는
눈은 어제 오던 눈 이 눈 속에
눈 속에 내가 있네 눈은 내리고
눈발 속에 내가 사라지네 눈발이
나를 덮네 간절함도 애절함도 눈
발에 파묻히는 불빛일 뿐

—「서울에 오는 눈」 전문

"서울에 오는 눈"이 있고 "춘천에 오는 눈"이 있다. "진주에 […] 오"는 눈이 있고 "부산에 […] 오"는 눈이 있다. "수원에 […] 오"는 눈이 있다. 이들 눈은 물론 대립하지 않고, 또한 한쪽이 다른 한쪽에 대해 우위에 있지도 않다. "오늘 오는 눈"이 있고 "어제 오던 눈"이 있다. 물론 '그저께 오던 눈'도 있을 것이다. 물론 '내일 오는 눈'도 있을 것이다. 이들 관계도 대립의 관계에 있지 않고, 또한 한쪽이 다른 한쪽에 대해 우위의 관계에 있지도 않다. 김춘수의 경우와 마찬가지로 이항대립체계의 붕괴를 말할 수 있고, 의미의 붕괴를 말할 수 있다. 의미가 확정되려고 하면 다른 의미를 넣어 앞의 의미를 소멸시키는 것이다. '다른 의미' 또한 또 다른 의미에 의해 소멸되고. 의미가 계속 지연되고 있다는 점에서 무의미를 말할 수 있다.

물론 차연을 말할 수 있다. 서울에 오는 눈, 춘천에 오는 눈, 진주에 오는 눈, 부산에 오는 눈들은 차이로서 존재하는 눈들이다. 오늘 오는 눈, 어제 오던 눈, 그저께 오던 눈, 내일 오는 눈들은 연기로서 존재하는 눈들이다. 계속 연기되므로, 계속 확정되지 않으므로, '존재하지 않는 눈'이라고 할 수 있다.

「서울에 오는 눈」에서 또한 중요한 것은 주체의 부정이다. 동일자의 부정이다. 눈이 만약 '나'[주체]라면 나는 '차이의 나'이고 '연기의 나'이다. 확정되지 않는 나이다. 동일자의 부정은 근대 이후의 이항대립체계의 가장 확실한 부정이다.

> 눈발 속에 내가 사라지네 눈발이
> 나를 덮네 간절함도 애절함도 눈
> 발에 파묻히는 불빛일 뿐

"눈발이/ 나를 덮"고, 눈발이 나를 "사라지"게 한다고 명시적으로 밝히고 있다. "간절함도 애절함도 눈/ 발에 파묻"혔다고 하고 있다.

06

파토스의 시

시는 오로지 격정이다
— 바이런

1

시는 어차피 이상주의자의 길에 피는 꽃이다. 억지로 만드는 데서 벗어나 좀 더 자연스러워지면서, 잃어버린 절규성을 회복하고, 왜소해짐으로써 놓친 큰 울림을 되찾는다는 일은 새로운 세기에 들어선 우리 시가 한번 시도해볼 일이다.

— 신경림, 「오늘의 시, 내일의 시」[1]

예술은 '만드는' 것이다라는 로댕의 입장을, 또한 로댕의 영향을 받은 릴케의 입장을, 거부하는 것이다.

---

1) 『내일을 여는 작가』, 2000. 여름, 15면.

재봉선[2)]이 드러나는 시가 아닌, 가꾼 시가 아닌, "자연스러"운 시를 요구하고 있기 때문이다. 주목되는 표현은 시의 본령이 "절규성"의 시라고 한 것이다. "절규성을 회복하"여야 한다는 것이다. 절규성의 시는 다른 말로 하면 격정의 시이다. 격정이 시의 본령이었다는 것. 격정적으로 표현하는 시는 또한 '쉽게' 표현하는 시이다.[3)]

2

그리스 수사학에서 에토스는 청중을 사로잡기 위해 변론가가 나타내야 하는 성격이다. 변론가는 "분별 있고 진지하며 호감이 가는 모습을 보여주어야" 한

---

2) 신경림은 "바느질 자국"이라고 하였다. 앞의 책, 9면.

3) '지금 여기'에서 격정의 시가 불가능한 것이 바로 이 '쉽게'가 안 되기 때문이다. 분업화된 현실, 한눈에 조망할 수 없는 현실에서 쉽게 쓰기가 힘들기 때문이다. 마을이 아닌 도시의 시절에 쉽게 쓰기가 힘들기 때문이다. 파편적이고 단편적인 시[문학]도 시[문학]이다라고 말할 수 있다. 바로 후기모더니즘의 경우이다. 그러나 파편적이고 단편적인 시가 "힘있"는 시가 될 수 없으리라는 것은 자명하다. '일면'만을 보여주는 시가 어찌 힘을 내서 쓴 것이겠는가. 어찌 힘을 주겠는가. 우리는 격정의 시가 불가능한 시대에 살고 있다라고 말해야 할지 모른다. 단편적 파편적 격정의 시는 가능하지만.

다. 변론가의 '자기비하'(비하법)나 유머가 이런 것을 불러일으킬 수 있다. 파토스는 변론가가 청중에게 야기하는 감정들의 총합이다. '재판 담화'(검사의 말, 변호사의 말 등)에서는 청중에게 "분개나 동정"을, 정치 담화(정치가의 연설)에서는 "두려움이나 희망"을, 과시적 담화에서는 "멸시나 감탄"을 자아내야 한다. 전부 수사학의 목표인 '설득'과 관계 있다.[4)]

그리스어 파토스Pathos의 우리말 번역은 '격정'이다. 아리스토텔레스의 『시학』에서 격정은 동정과 공포였다. 관객이 동정과 공포들[격정들]을 경험하게 함으로써 이 격정들을 순화시키려는 것이 비극의 목표였다. 다른 말로 하면 격정을 배설시키게 하는 것이 비극의 목표였다. 격정의 순화, 격정의 배설이 바로 정화Katharsis였다. 비극은 격정의 비극이었다.

'담화'가 목표로 하는 '청중의 격정'과 비극이 야기하는 '관객의 격정'은 모두 수용미학적 격정이다. 수신자의 격정이다. 수용미학적 격정, 수신자의 격정이 있으면 창작미학적 격정이 있다. 발신자의 격정이 있다. 사실 그동안의 격정의 문학사에서 논의의 중심은 수용문학상의 격정이 아니라, 창작미학상의 격정이었

4) 올리비에 르불, 『수사학』, 박인철 옮김, 한길사, 1999, 특히 37-38면 참조.

다. 격정은 보통 창작미학상의 격정을 의미하였다.

그러나 창작미학상의 격정과 수용미학상의 격정은 동전의 앞뒤이다. 창작미학상의 격정이 동전의 앞이고 수용미학상의 격정이 동전의 뒤이다. 창작미학상의 격정이 수용미학상의 격정을 낳는다. 발신자의 격정이 수신자의 격정을 낳는다. 아이러니, 역설, 은유, 상징, 알레고리 등은 파토스를 전달하지 않는다. 파토스가 파토스를 전달한다. 아이러니, 역설, 은유, 상징, 알레고리 등이 파토스를 전달하지 않는 것은 그들의 전달은 직접적인 전달이 아니기 때문이다. 전달에 시간이 걸리기 때문이다. '낯설게 하기'의 전달이기 때문이다. "겨울은 강철로 된 무지개"(이육사, 「절정」)는 파토스를 전달하지 않는다. 직접적인 전달이 아니기 때문이다. 전달에 시간이 걸리기 때문이다. 낯설게 하기의 전달이기 때문이다. 파토스가 파토스를 전달한다는 것은 파토스는 직접적인 전달이기 때문이다. 전달에 시간이 걸리지 않기 때문이다. 낯설게 하기의 전달이 아니기 때문이다.

이 고갈한 반백의 사나이를 당신은 울게 했다.
「카라마조프의 형제」를 읽어 가며 내가 흘렸던
엄청난 눈물들을 염주처럼 알알이 잇는다면

나는 아마 평생을 두고도 못 다 헤아리리.

— 박희진, 「오오 도스토예프스키」

동정과 공포의 시이다. 아니, 『카라마조프가 형제들』을 읽었을 때의 동정과 공포를 일깨우는 시이다.5) 격정을 일깨우는 시이다. 격정의 표현 중 "오오"라고 시작하는 것 만한 것이 있는가. "눈물"만한 것이 있는가. "눈물들을 염주처럼" 이으면 "평생을 두고도 못 다 헤아"릴 것이라고 과장하고 있다. 영탄하고 있다. 과장과 영탄은 격정의 범주에 있다. 창작미학상의 격정이 수용미학상의 격정을 수반하였다.

신정론(神正論)의 입장은 신은 정의롭다는 입장이다. 신이 정의롭다면 어째서 인간들로 하여금 악을 행하도록 허용하는가, '선한 인간이 괴로움을 받게 하는가'라는 질문에 대해 보다 높은 선에 도달하기 위해 신은 악을 허용하고 있다고 대답하는 입장이다. 신을 변호하는 입장이다. 변신론(辯神論)의 입장이다. 신정론의 입장은 그러나, 신이 정의롭다면 어째서 인

5) 동정은 주인공의 처지에 대해 같이 아파하는 것이고 공포는 주인공의 처지가 자기 자신에게도 일어날 지도 모른다는 두려움이다. 공포는 자기 자신에 대한 동정이다.

간들로 하여금 악을 행하도록 허용하는가, '선한 인간이 괴로움을 받게 하는가'라는 질문을 계속 낳게 하는 입장이다. 악이 계속 되풀이되기 때문이다. 악의 역사가 계속 되풀이되기 때문이다. 그러므로 신정론의 입장은 역설적으로 신을 반박하게 하는 입장이기도 하다. 『카라마조프가의 형제들』은 카라마조프가의 아버지 표도르, 금욕적인 막내아들 알료샤, 지성적인 무정부주의자 둘째 아들 이반, 책임감이 투철한 반면 성급한 성격의 장남 드미트리, 수도사 조시마, 세속적인 그루셍카 등 19세기 러시아 사회를 다양하게 대변하는 인물들을 통해 선과 악의 문제를 공론화하고 있다. '신정론' 문제와 대면하고 있다. 선과 악에는 우직/교활, 순결/음란 등의 코드가 포함되어 있다. 사실 격정의 시 중 신정론 문제 만한 것이 없다. 신을 찬양하는 것, 신을 부정하는 것 만한 것이 없다. 다윗의 시편들은 신정론의 시이다. 신은 정의롭다는 전제에서 출발하는 시이다. 신을 찬양하는 시이다. 그러나 신에게 탄식하는 시이기도 하다.

> 내 하나님이여 내 하나님이여 어찌 나를 버리셨나이까 어찌 나를 멀리하여 돕지 아니하옵시며 내 신음하는 소리를 듣지 아니하시나이까 내 하나님이여 내가 낮에도

부르짖고 밤에도 잠잠치 아니하오나 응답지 아니하시나이다

— 「시편」 23편

3

'격정의 시'의 기원은 그리스의 핀다로스까지 거슬러 올라간다. 그의 영웅 찬가는 격정의 양식이었다.[6] 그리스 비극들도 격정의 언어였다. 동정과 공포를 불러일으키는 언어였다. 로마의 호라츠, 18세기 독일의 클롭슈토크, 19세기 독일의 횔더린도 격정의 찬가를 썼다. 셰익스피어의 비극, 프랑스의 의고전주의 극들도 격정의 언어였다. 격정의 비극이었다. 바로크 문학도 격정의 문학이었다고 할 수 있다. 그리고 18세기 말 쉴러의 드라마와 시들이 격정의 언어였다.

자유 그리고 평등! 외치는 소리가 들린다.
가만히 있던 시민이 무기를 들고
거리에는 큰 소리들로 가득 찼다.
학살자의 무리들이 이리저리 몰려다닌다; […]
성스러움이 사라졌다. 모든
경건한 두려움의 속박은 사라졌다

6) '찬가'는 신 혹은 영웅에 대한 찬가(讚歌)이다.

선한 자는 악한 자에게 자리를 내주고
모든 악덕들이 자유롭게 활보한다.
위험한 것은 사자를 깨우는 일,
호랑이의 이빨은 치명적,
그러나 끔찍한 것 중에 끔찍한 것은
광기에 사로잡힌 인간이도다.

— 쉴러, 「종의 노래」(1799)

"자유 그리고 평등"은 프랑스혁명의 이념이다. 그러나 혁명은 얼마 지나지 않아 폭력적으로 되었다. 폭력을 위한 폭력이 만연하였다. 쉴러는 이러한 혁명의 이면을 격정적으로 고발하고 있다. 혁명에 참가한 시민들을 "학살자의 무리"로 표현하였다. "광기에 사로잡혀 있는 인간"들이라고 하였다. 혁명을 "악"의 혁명이라고 하고 있다. "성스러움", "경건한 두려움"이 사라졌기 때문이다. 신성불가침의 영역이었던 것들이 한꺼번에 신성가침의 영역으로 되면서 인간의 마음 속에 있는 금기의 영역들이 모두 빗장을 열고 나왔기 때문이다 "모든 악덕들"이 빗장을 열고 나왔기 때문이다. 수용미학적으로는 '분개와 동정' 중에서 분개의 파토스를, '두려움과 희망' 중에서 두려움의 파토스를 일깨우고 있다. 예를 들면 "학살자의 무리들"에 대한 분개이고 "광기에 사로잡힌 인간"에 대한 두려움이다.

낭만주의에 와서 파토스는 거부되었다. 환상, 꿈, 상상의 범주와 파토스는 양립하기 힘들었다. 낭만주의자들은 파토스 대신 아이러니를 선호하였다 사실주의, 자연주의 시대에 격정은 아류적인 것, 저급한 양식으로 폄하되었다. 파토스는 '사실'의 양식이 아니었다. '자연'의 양식이 아니었다. 파토스의 양식을 다시 일깨운 것은 니체였다. 니체에게 파토스는 노예의 양식이 아닌 귀족의 양식이었다. '노예'는 신의 부재를 견딜 수 없는 자이고 '귀족'은(혹은 위버멘쉬는) 신의 부재를 견딜 수 있는 자이다. 신의 부재를 견딜 수 있는 자의 시는 파토스의 시이다. '신은 죽었다'고 선언하는 자의 시는 파토스의 시이다. '기꺼이 몰락해주겠다'는 자의 시는 파토스의 시이다. 신은 죽었다라고 말하는 것은 격정적으로 말하는 것이다. 기꺼이 몰락해 주겠다고 말하는 것은 격정적으로 말하는 것이다. 『차라투스트라는 이렇게 말했다』는 격정의 언어들로 채워져 있다.

만약 신들이 존재한다면 내가 신이 아니라는 것을 어떻게 참아낼 수 있다는 말인가! 그러므로 신들은 존재하지 않는다.

— 『차라투스트라는 이렇게 말했다』 1부

클롭슈토크, 횔더린, 쉴러, 니체에게 격정은 개인적인 영역에 머물러 있었다. 표현주의에 와서 격정은 시대적인 양식이 되었다. 표현주의는 절규의 양식이었다.

표현주의 문학의 주제는 '새로운 인간에 대한 요구'였다. 세기말의 가히 가위눌림의 상황, 제1차 세계대전 전후의 비극적 상황에 대한 문학적 응전으로서 새로운 인간에 대한 요구였다. 새로운 인간에 대한 절규였다. 절규의 시는 명사 위주의 시이다. 명사, 혹은 명사구가 마치 스타카토식으로 펼쳐진다. 스타카토식으로 읽힌다.[7)]

4

정치시, 특히 선전선동시들이 격정의 시이다. 하이네(1797~1856)는 정치시의 원조이다. 노동자 시의 원

---

7) 졸고, 「표현주의란 무엇인가」, 『시를 사랑하는 사람들』, 2002. 11 참조.

조이다. 정치시는 사회의 변혁을 목적으로 한다. 전복을 목적으로 한다. 다음은 하이네의 「쉴레지엔의 직조공들」(1844)이다. 총 5연 중 앞의 3연이다.

침침한 눈에는 눈물도 말랐다.
그들은 베틀에 앉아 이빨을 간다.
독일이여, 우리는 너의 수의를 짜는 중.
수의에 세 겹의 저주를 짠다.
우리는 짠다, 우리는 짠다!

하나의 저주는 하나님에게. 우리는
추운 겨울에 굶주리면서 기도했으나
헛된 희망, 헛된 기다림이었다.
그는 우리를 속이고 우리를 놀렸도다.
우리는 짠다, 우리는 짠다!

하나의 저주는 왕에게. 부자들의 왕에게.
그는 우리들의 극빈을 외면했다.
우리의 마지막 몇 푼까지 긁어갔다.
그리고 우리를 개처럼 쏘아 죽이라고 한다.
우리는 짠다, 우리는 짠다!

실제 쉴레지엔 지방에서 직조공 봉기가 있었다. 경

찰의 발포가 있었고, 많은 직조공들이 죽거나 다쳤다. "세 겹의 저주"는 "하나님", "왕", 그리고 "조국"에 대한 저주이다. 하나님을 저주하는 것은 성직자들을 저주하는 것이고, 왕은 "부자들의 왕"이므로 왕을 저주하는 것은 부자들을 저주하는 것이다. 봉건주의 시대에 각각 '정신적 후견인' 및 '세속적 후견인'이었던 성직자와 귀족은 자본주의 시대에 와서 성직자와 자본가로 바뀌었다. 봉건주의 시대에 성직자와 귀족들이 결탁했던 것처럼 자본주의 시대에도 성직자와 자본가들이 결탁하였다. 기독교는 봉건주의 체제 및 자본주의 체제의 안정에 기여하였다. 성직자는 노동자들에게 부자가 천국에 들어가는 것은 낙타가 바늘구멍 속으로 들어가는 일보다 어려운 일이라고 설교하였다. 하이네의 이 시는 '분개와 동정' 중 분개의 파토스를 일깨우고 있다. '노래성'이 격정을 강화시키고 있다. "우리는 짠다, 우리는 짠다!"가 노래의 후렴구처럼 반복되면서 분위기를 고조시키고 있다. 분개의 감정을 고조시키고 있다. 다음 김남주의 「낫」도 노동자 시의 범주에 넣을 수 있다. '노동자 농민의 나라'를 꿈꾸는 정치적 전복의 시로 읽을 수 있다.

낫 놓고 ㄱ 자도 모른다고
주인이 종을 깔보자
종이 주인의 목을 베어버리더라
바로 그 낫으로

"주인"과 "종"은 각각 가진 자와 못 가진 자, 혹은 배운 자와 못 배운 자를 환유하였다. 주인은 "낫 놓고 ㄱ 자"를 아는 자이고 종은 "낫 놓고 ㄱ 자"를 모르는 자이다. 언어는 담담한 어조이지만 내용은 격정적이다. 셋째 행 끝에서 "~더라"라고 하는 것은 담담한 어조이다. 객관적 보고의 어조이다. 객관적 보고의 어조는 격정과 거리가 멀다. 내용이 격정적이라고 하는 것은 "종이" "낫으로" "주인의 목을 베"기 때문이다. 충격적 내용을 담았기 때문이다. 충격적으로 계급혁명을 선동하고 있기 때문이다. 형식과 내용의 불일치가, 즉 객관적 보고의 어조와 충격적 내용이, '선동'에 더 적합한 것으로 보인다. 충격적 내용을 '나지막하게' 말할 때 충격적 내용이 더욱 충격적으로 전달되는 것과 같다. 나지막하게 살인을 명령하는 것이 큰 소리로 살인을 명령하는 것보다 더 위압적이다.

노동자 시의 전형은 박노해가 보여주었다. 『노동의 새벽』에 실린 「손무덤」의 마지막 연이다.

내 품속의 정형 손은
싸늘히 식어 푸르뎅뎅하고
우리는 손을 소주에 씻어 들고
양지 바른 공장 담벼락 밑에 묻는다
노동자의 피땀 위에서
번영의 조국을 향락하는 누런 착취의 손들을
일 안하고 놀고먹는 하얀 손들을
묻는다
프레스로 싹둑싹둑 짓짤라
원한의 눈물로 묻는다
일하는 손들이
기쁨의 손짓으로 살아날 때까지
묻고 또 묻는다.

'분개와 동정'의 파토스 중 분개와 동정 둘 다를, '두려움과 희망'의 파토스 중 두려움과 희망 둘 다를 불러일으키고 있다. "누런 착취의 손"에 대한 분개이고, "손"을 잘린 "정형"에 대한 동정이다. "일 안하고 놀고 먹는 하얀 손들을 […] 프레스로 싹둑싹둑" 자르겠다고 하는 것은 두려움을 불러일으키고 "일하는 손들이/ 기쁨의 손짓으로 살아"난다고 하는 것은 희망을 불러일으킨다. 감정에 호소하는 선전선동시의 모범적 예이다.

5

그리고 사랑의 시들이 있다. 사랑의 시들도 대부분 파토스의 시들이라고 할 수 있다. 파토스를 담고 있는 시들, 파토스를 불러일으키는 시들이라고 할 수 있다. 한용운의 「님의 침묵」은 다음과 같이 끝난다.

> 아아, 님은 갔지마는 나는 님을 보내지 아니하얐습니다.
>
> 제 곡조를 못 이기는 사랑의 노래는 님의 침묵을 휩싸고 돕니다.

문제는 "제 곡조를 못 이기는 사랑의 노래"이다. "곡조"에 갇혀 있다는 것이다. 곡조를 넘어서는 "사랑의 노래"인데 곡조에 갇혀 있다는 것이다. 곡조가 사랑을 소화하지 못하고 있다는 것이다. 사랑은 곡조 이상이라는 것이다. 곡조에 갇힌 격정이 보인다. 사랑의 격정이 보인다. 사랑의 격정이 일렁이고 있다. 곡조가 방파제처럼 막고 있다. 곡조라는 형식이 막고 있다. 터져 나가는 내용을 형식이 막고 있다. 막고 있어도 이 시가 평온한 사랑의 시가 되는 것은 아니다. 격렬함을 감추었다고 해서, 곡조가 막았다고 해서, 평온한 사랑의 시가 되는 것은 아니다. 곡조 속에 감추어진, 형식 속에 감추어진, 사랑의 격정이 더 격한 사랑의 격정으로 보인다. 노출된 사랑의 격정보다 노출되지 않은 사랑의 격정이 더 격한 격정으로 보인다. 노출된 격정은 격정일 뿐이지만 노출되지 않은 격정은, 숨겨진 격정이므로, 답답한 격정이므로, 더 심한 격정으로 보인다.

'제 곡조를 못 이기는 사랑의 노래'는 곡조에 갇혀 있는 사랑의 노래이므로 밖에서는 들을 수 없는 사랑의 노래이다. 곡조 밖에서 보면 "소리 없는 아우성" 이다. 사랑의 주체는 '소리 없는 아우성'이고 사랑의 객체는, "님"은, "침묵"이다. 주체의 '소리 없는 아우성'과 객체의 '침묵'이 서로 조응하고 있다. 소리 없는 아우성과 침묵이 서로 조응함으로써 소리 없는 아우성은 두 배의 소리 없는 아우성이다. '사랑의 성마름'(혹은 사랑의 갈증)이 두 배로 커져서 사랑의 노래가 곡조를 뚫고 나올 것 같다. 성마름이 두 배로 커져서 독서자의 가슴이 터질 것 같다. 「님의 침묵」은 가슴이 터질 것 같은 격정을 불러일으키는 시이다.

아이러니의 시는 격정의 시가 아니다. 그러나 다음의 시를 격정의 시가 아니라고 할 수 있을까. 다음의 아이러니의 시를 격정의 시가 아니라고 할 수 있을까.

나 보기가 역겨워
가실 때에는
말없이 고이 보내드리우리다

영변에 약산
진달래꽃
아름 따다 가실 길에 뿌리오리다

가시는 걸음 걸음
놓인 그 꽃을
사뿐히 즈려밟고 가시옵소서

나 보기가 역겨워
가실 때에는
죽어도 아니 눈물 흘리오리다

— 김소월, 「진달래꽃」 전문

아이러니의 시이다. 반대로 얘기한 것이기 때문이다. "죽어도 아니 눈물 흘리오리다"라고 한 자는 눈물을 펑펑 쏟고 있는 자이다. "진달래꽃/ 아름 따라 가실 길에 뿌리오리다"라고 한 것도 아이러니의 표현이다. 환송해주는 것이기 때문이다. 강력하게 붙들고 싶은 마음을 반대로 표현한 것이기 때문이다. "말없이 고이 보내드리우리다"라고 한 것도 마찬가지다. 고이 보내지 않겠다는 마음의 표현이다. 십 리도 못 가서 발병 난다와 같다. 십 리도 못 가서 발병 날 거라는 마음이 들어가 있다.

이 시에서의 격정과 아이러니는 동전의 양면이다. 반대로 얘기했지만 언술의 의도는 같기 때문이다. 마음을 밖으로 직접 표출하기보다 안에서 타게 하는 내연(內燃)의 시도 격정의 시이다. 「진달래꽃」의 아이러니는 내연의 아이러니이다.

「진달래꽃」은 아이러니도 격정의 아이러니일 수 있다는 것을 보여주었다.

사랑과 증오가 동전의 양면이라면 「진달래꽃」을 증오의 시로 읽을 수 있다. '증오의 파토스'의 시로 읽을 수 있다. 이를 앙 다물고 있는 화자의 모습이 보인다. 증오하고 있는 화자의 모습이 보인다.

파토스를 회복해야 한다는 것에는 또한 노래를 회복해야 한다는 뜻도 들어가 있다. '노래성'을 되찾아야 한다는 것이다. 노래가 '더 잘' 전달하기 때문이다. 서양시의 경우, 노래성은 율격, 각운, 연 형식, 모음운, 자음운 등으로 나타났었다. 우리 시의 경우, 노래성은 주로 3·4조, 혹은 4·4조의 2음보, 3음보, 4음보 형식 혹은 7·5조의 가락들이었다. 김소월의 「진달래꽃」

은 7·5조의 가락을 살린 노래였다. 다윗의 시편들은 노래의 시였다. 다윗은 하프를 타며 노래를 불렀다. 다윗은 시인이면서 가수이면서 연주자였다.

07

도시시: 낭만주의적 상상
— 김상용, 백석, 브레히트

1 들어가며

낭만주의는 18세기 말 · 19세기 초 독일의 낭만주의로서 시민계급의 자본주의적 생활방식에 대한 반작용이었고, 계몽주의 이데올로기들에 대한 반작용이었다. 낭만주의는 최대 이윤의 법칙에 대한 반대였고, 이성주의 · 합리주의 · 효율주의 등에 대한 반대였다. 이러한 낭만주의 정신의 구체화가 바로 환상적 동화, 혹은 민담이었다.

괴테(1749-1832)의 시 「마왕Erlkönig」도 낭만주의적이다.

누가 이렇게 늦게 밤과 바람을 가르며 말을 달리는가?
아버지와 아들이로다.
아버지는 아들을 편안하게, 안전하게
잡고 있다네. 따뜻하게 감싸고 있다네.—

나의 아들아, 무엇이 두려워 얼굴을 숨기는가?—
아버지, 아버지에겐 저 마왕이 보이지 않나요?
왕관을 쓰고 옷자락을 늘어뜨리고 있어요.—
나의 아들아, 그것은 띠 모양의 안개로구나.—

"귀여운 아가, 자, 나하고 같이 가자꾸나!
너랑 정말 재미있는 놀이를 할 수 있단다.
해변에는 울긋불긋한 꽃들이 많이 피어있고
우리 어머니는 황금 옷을 많이 가지고 있단다."

— 「마왕」(1782) 부분

둘째 연의 이성적 "아버지"의 세계와 셋째 연의 마성적 "마왕"의 세계가 대비되고 있다. 셋째 연은 전부 마왕의 목소리이다. 이성적 아버지의 세계는 현실의 세계이고 마성적 마왕의 세계는 상상의 세계이다. 이성적 아버지의 세계에서 "안개"는 그냥 안개이지만, 마성적 마왕의 세계에서 안개는 '마왕'이다(둘째 연). 마왕은 "왕관을 쓰고 옷자락을 늘어뜨리고 있"다고 함으로써, 마왕의 "어머니는 황금 옷을 많이 가지고 있"다고 함으로써(셋째 연), 비현실적 상상의 세계를 강조하였다.

낭만주의는 여기가 아닌 저기를 바라보므로 낭만주의는 또한 주관적 의지의 예술이다. 주관적 상상력의 예술이다. 이론적 토대는 피히테의 주관철학이다. 쉴레겔F. Schlegel은 프랑스혁명, 괴테의 『빌헬름 마이스터』와 함께 피히테의 『학문론』을 "당대의 위대한 경향들"(「단장 216」)이라고 하였다. 피히테에 의하면 인식은 물 자체Ding an sich에서 출발하는 것이 아니라 주관에서 출발하는 것이다. 물 자체가 현상적으로만 인식되는 것이 아니라, 주관이 물 자체에 의미를 부여하는 것이다. 주관은 유아론적 절대적 자아로서 모든 존재의 결정자였다.[1)]

낭만주의는 "문학적 절대"를 지향한다.[2)] 문학적 절대는 '공간적' 문학적 절대와 '시간적' 문학적 절대로 나눌 수 있다. 열쇠어는 쉴레겔이 「단장 116」에서 언급한 "점진적 우주문학"이다. '우주문학'이 '공간적'

---

1) C. Friedlein, Lehrbuch und Repetitorium der Geschichte der Philosophie, 11. Auflage, Hannover 1962, 266면 참조.

2) 필립 라쿠 라바르트 · 장 뤽 낭시, 「지금 우리에게 낭만주의란 무엇인가」, 박성창 옮김, 『세계의문학』, 2002. 겨울, 143면 참조.

문학적 절대와 관계 있다. 우주문학은 쉴레겔의 설명을 빌면 “문학의 모든 분리된 장르들을 다시 통합하는 것일 뿐 아니라, 문학을 철학 및 수사학과 접촉시키는 것이다. 시와 산문, 독창성과 비평, 예술문학과 자연문학을 때로는 섞고 때로는 용해시키는 것이다.” (「단장 116」)

‘시간적’ 문학적 절대는 “점진적 우주문학”의 ‘점진적’과 관계 있다. 나중에 슈트리히F. Strich가 말한 “무한성”과 관계 있다. 시인의 恣意만을 인정하는 것으로서 의미가 정박하려고 하면 새로운 기의를 덧붙여 의미의 정박을 계속, 무한하게, 지연시키는 것이다. 이른바 낭만적 아이러니이다.

2 낭만주의적 상상

시민계급의 자본주의적 생활방식에 대한 반작용으로서의 낭만주의, 계몽주의 이데올로기들에 대한 반작용으로서의 낭만주의, 그리고 주관적 상상력의 예술로서의 낭만주의는 이후 규범화되어 문학사에서 ‘낭만주의적’이라는 이름으로 등장한다. 역사적 낭만주의가 있고 초역사적 ‘낭만주의적’이 있는 셈이다.

잘 알려진 김상용(1902-1951)의 「남으로 창을 내겠소」를 낭만주의적 시라고 할 수 있다. 백석(1912-1995)의 「나와 나타샤와 흰 당나귀」도 낭만주의적 시라고 할 수 있다. 브레히트(1898-1956)의 「마하고니 노래 1」도 낭만주의적 시라고 할 수 있다.

2-1. 도시에서 남쪽으로

남으로 창을 내겠소
밭이 한참갈이
괭이로 파고
호미론 풀을 매지요

구름이 꼬인다 갈 리 있소
새 노래는 공으로 드르랴오
강냉이가 익걸랑
함께 와 자셔도 좋소
왜 사냐건 웃지요

— 김상용, 「남으로 창을 내겠소」(1934) 전문

「남으로 창을 내겠소」가 낭만주의적인 것은 현대의 합리적 · 기술적 · 계산적 사유에 대한 위반으로 점철

되어 있기 때문이다. "남으로 창을 내겠소"를 포함한 시의 앞부분도 그렇지만 특히 "새 노래는 공으로 드르랴오/ 강냉이가 익걸랑/ 함께 와 자셔도 좋소// 왜 사냐건 웃지요"라는 뒷부분이 그렇다. '공으로'라는 말은 첫 행의 '남으로'라는 말처럼 '의식적'이다, 도전적이다. 현대의 계산적 사유 · 이기적 사유를 비아냥거린 것이다. "강냉이가 익걸랑/함께 와 자셔도 좋소"라는 구절도 마찬가지이다. 현대의 계산적 사유 · 이기적 사유에 대한 위반이다. 나아가 이 '강냉이 구절'은 '더불어 사는 삶'을 강조하고 있다는 점에서 원시 공산적 사회에 대한 그리움, 혹은 '공동체 사회 Gemeinschaft'에 대한 염원을 담았다고 할 수 있다. 끝의 "왜 사냐건 웃지요"라는 구절 또한 현대의 합리적 사유에 대한 위반으로서 낭만주의적이다. '왜'는 원인/결과를 중시하는 것으로서 인과론적 세계관, 즉 합리주의적 세계관의 구체화이기 때문이다. 이러한 세계관에 대해 [그냥] "웃지요"라며 염화시중의 미소로서 응전했기 때문이다. 아니, 염화시중의 미소로서 무시했기 때문이다. 합리적 · 기술적 · 계산적 사유에 대한 위반은 낭만주의의 발생 정신에 부합한다.

중반부의 "구름이 꼬인다 갈 리 있소"라고 한 것은 도시적 삶에 대한 거부이다: '구름'은 흔히 연기와 함께 '삶의 무상'을 상징하던 것. 그러나 구름은 한 곳에 머물러있지 못하고 여기저기 떠돌아다니는 속성을 지니고 있다는 점에서, 그리고 이 시에서는 '새 노래를 공으로 듣는 세계', '강냉이를 함께 나누어 먹는 세계'에 대한 반대로 사용되었다는 점에서, 현대의 '도시적 삶'에 대한 알레고리일 수 있다. 전통적인 농촌 공동체의 定住的 삶과 달리 오늘날 도시인들은 떠돌아다니며 살고 있다. 세계를 떠돌아다니며 살고 있다. 현대의 도시인들을 '신 유목민neo nomade', 혹은 보보족(부르주아bourgeois의 bo와 보헤미안bohemian의 bo의 합성어)이라고 부르는 것도 이런 이유에서이다. 김상용은 현대의 도시적 삶을 외면하였다. "남"쪽에서의 농경 생활을 상상하였다.[3)]

3) 이 시를 낭만주의적 시가 아닌 목가Idylle로 볼 수 있다. 낭만주의가 '여기'에 대한 비판으로서 '저기'를 상상하는 것이라면 목가는 여기에서 거기를 실제적으로 표상하는 것이다. "남"쪽에서의 농경 생활을 상상이 아닌, 실제적으로 표상하고 있다면 이 시는 목가이다.

2-2. 도시에서 산골로

가난한 내가
아름다운 나타샤를 사랑해서
오늘밤은 푹푹 눈이 나린다

나타샤를 사랑은 하고
눈은 푹푹 날리고
나는 혼자 쓸쓸히 앉어 燒酒를 마신다
소주를 마시며 생각한다
나타샤와 나는
눈이 푹푹 쌓이는 밤 흰 당나귀 타고
산골로 가자 출출이 우는 깊은 산골로 가 마가리에 살자

눈은 푹푹 나리고
나는 나타샤를 생각하고
나타샤가 아니 올 리 없다
언제 벌써 내 속에 고조곤히 와 이야기한다
산골로 가는 것은 세상한테 지는 것이 아니다
세상 같은 건 더러워 버리는 것이다

눈은 푹푹 나리고
아름다운 나타샤는 나를 사랑하고
어데서 흰 당나귀도 오늘밤이 좋아서 응앙응앙 울을
것이다

— 백석, 「나와 나타샤와 흰 당나귀」(1938) 전문

"가난한" 시적 자아, "쓸쓸"해 하는 시적 자아가 "아름다운" 연인[나타샤]에게 "산골"에 있는 오두막 ["마가리"]에 가서 "살자"고 하고 있다. 시적 자아를 낭만적 자아라고 할 수 있다. "깊은 산골 […] 마가리에"서 "살자"고 하는 자아를 「남으로 창을 내겠소」의 자아처럼 현실 위반적 · 현실 비판적 자아로 볼 수 있기 때문이다. 물론 '깊은 산골 마가리에서 살자'고 하는 자아를 현실 도피적 자아로 볼 수 있다. '현실로부터의 도피'['역사로부터의 도피'], 그리고 '현실에 대한 비판'은 낭만주의에 대한 그 동안의 주요 두 가지 상이한 관점이었다. 메링F. Mehring을 비롯한 좌파 학자들에게 낭만주의는 역사로부터의 도피였다. 이들은 낭만주의의 현실 외면을 역사 진보에 대한 저항으로 보았다. 즉 그들에게 낭만주의는 흥기하는 시민계급에 대한 봉건주의자들의 의식적인 저항이었다.4) 「나와 나타샤와 흰 당나귀」가 현실로부터의 도피보다 현실에 대한 비판에 더 가까워 보이는 것은 "세상 같은 건 더러워 버"린다고 명시하였기 때문이다.5)

순백의 이미지 또한 낭만주의와 관계 있다. 순백은

4) G. Lukács, Sämtliche Werke, Bd. 10, Neuwied/Berlin 1969, 392-393면 참조.

5) 문제는 '더러운 것'의 내용이다. '"가난한" 나'로 시를 시작하고 있으므로 경제 사정과 관계있다고 할 수 있다.

검은 색의 반대로서 '검은' 현실이 순백을 상상하게 했다고 보는 것이다. 순백의 이미지라고 한 것은 첫째, "나타샤"가 러시아의 나타샤로서 흰 얼굴의 나타샤일 것이기 때문이며, 둘째, "눈"이 흰색의 눈이기 때문이며, 셋째, "당나귀"도 "흰" 당나귀라고 했기 때문이다. 넷째, 쓸쓸해서 "마"시는 "燒酒"도 '투명'의 소주이기 때문이다. 투명과 순백은 '인접의 관계'에 있다.

「나와 나타샤와 흰 당나귀」를 도시 현실에 대한 비판의 시로 볼 수 있는 것은 세상 같은 건 더러워 버린다고 했고, 그리고 산골로 가자고 했기 때문이다. 보통 도시를 떠나 산골로 가기 때문이다.

2-3. 도시에서 도시로

다음은 브레히트의 처녀 시집 『가정기도서』(1927)에 수록된 「마하고니 노래 1 Mahagonnygesang Nr. 1」이다. 전문이다.

1
마하고니로 가자
공기가 서늘하고 신선한 곳

말고기와 여자 고기가 있는 곳
위스키와 포카 테이블이 있는 곳
마하고니의 아름다운 초록의 달이여, 우리를 비추어라!
그럴 것이 우리는 오늘 여기 셔츠 밑에
너의 커다랗게 헤벌린 입에서 쏟아지는 웃음을 살
지폐를 갖고 있도다

2
마하고니로 가자
동풍이 벌써 지나간 곳
신선한 고기 샐러드가 있는 곳
그러나 감독은 없는 곳
마하고니의 아름다운 초록의 달이여, 우리를 비추어라!
그럴 것이 우리는 오늘 여기 셔츠 밑에
너의 커다랗게 헤벌린 입에서 쏟아지는 웃음을 살
지폐를 갖고 있도다

3
마하고니로 가자
닻줄을 풀라
매-매-매-매-매독은
거기에서 치료될 거다
마하고니의 아름다운 초록의 달이여, 우리를 비추어라!
그럴 것이 우리는 오늘 여기 셔츠 밑에
너의 커다랗게 헤벌린 입에서 쏟아지는 웃음을 살
지폐를 갖고 있도다

이 시는 1930년 오페라 「마하고니 시의 흥망성쇠」에서 다시 사용되었다.[6)] 다음은 오페라 「마하고니 시의 흥망성쇠」에 실린 「마하고니 노래 1」 바로 위에 있는 지문이다.

> 그 후 수년간 모든 대륙에 있는 불만덩어리들이 황금의 도시 마하고니로 갔다.

더 앞에서 등장인물 빌리는 다음과 같이 노래하였다.

> 오늘날 대도시에는 불만을 가진 사람들이 많지.
> 그런 사람들이 황금의 도시 마하고니로 간다네.
> [⋯]
> 여기 그대들의 도시는 너무 시끄럽고
> 불안과 불화뿐
> 의지할 곳이라고는 하나도 없다네.

「마하고니 노래 1」에 대한 브레히트의 의도를 알게 하는 대목들이 아닐 수 없다. 「나와 나타샤와 흰 당나귀」의 시적 자아처럼 「마하고니 노래 1」의 시적 자

---

6) 「마하고니 노래 1」은 이외 1927년 노래극 「마하고니」에도 사용되었다. 시 「마하고니 노래 1」을 매개로 시, 노래극, 오페라들이 서로 "접촉"하고 있다. 장르 간의 접촉은 낭만주의에서 비롯되었다.(쉴레겔의 「단장 116」 및 『문학에 관한 대화』 참조)

아 역시 현실에 대해 "불만"을 갖고 있다. 「나와 나타샤와 흰 당나귀」의 시적 자아는 "세상 같은 건 더러워 버"린다고 하였고, 「마하고니 시의 흥망성쇠」의 빌리는 "대도시에는 불만을 가진 사람들이 많"다고 하였다. "도시는 […] 시끄럽고/ 불안과 불화"가 지배하고 있다고 하였다. 이에 반해 "마하고니"는 "공기가 서늘하고 신선한 곳"이며, 먹을 것("말고기" "여자 고기", "고기 샐러드")이 풍부한 곳이며, "매독"이 "치료"되는 곳이었다. 「마하고니 노래 1」의 "아름다운 초록의 달"은 「나와 나타샤와 흰 당나귀」의 순백의 이미지들에 상응한다.

「나와 나타샤와 흰 당나귀」와 「마하고니 노래 1」이 근본적으로 다른 것은 「나와 나타샤와 흰 당나귀」의 시적 자아는 세상을 버리고 "산골 […] 마가리"로 가자고 했고, 「마하고니 노래 1」의 시적 자아는 - 위에서 인용한 오페라 「마하고니 시의 흥망성쇠」의 지문을 참조하면 - "황금의 도시 마하고니"로 가자고 한 것이다.7)

마하고니에는 마찬가지로 대도시적 삶의 원칙이 지배하고 있다. 대도시적 삶의 원칙은 상업주의, 합리주

7) 마하고니는 "상상의 즐거움의 장소"였다. 다음은 1921년에 작성된 초고의 일부. "마하고니로 가자/ 저기 하나의 나라가 발견되었네/ 열락이 매우 대단해서/ 한 남자가 뻗은 곳." B. Brecht, Werke in 30 Bdn, Bd. 2, 1988, 456면, 470면.

의, 최대 이윤의 법칙 등이다. 우선 '말고기' 옆에 '여자 고기'를 나란히 놓음으로써 인간 육체의 상품화를 강조하였다. 후렴구의 "웃음을 살/ 지폐"라고 한 것 역시 황금만능주의와 함께 인간 육체의 상품화를 강조한 것이다.[8] "포카 테이블"을 지배하는 법칙은 자본주의의 주요 항목인 최대 이윤의 법칙이다. '포카 테이블'은 '주식 투자'(혹은 주식 투기)처럼 자본주의적 삶의 양식의 반영이다. 「마하고니 노래 1」을 물론 퇴폐한 시민 사회에 대한 조롱으로 볼 수 있다.

브레히트는 '마하고니'를 통해 자본주의적 대도시의 삶의 양식을 집약적으로 보여주려고 한 것으로 보인다. 대도시로부터 낭만주의적으로 '도망'하였으나 도망간 마하고니 또한 자본주의적 대도시의 삶의 원칙이 지배하는 곳이었다. 자본주의적 삶에서 벗어날 수 없었다.

자본주의적 삶의 양식을 자본주의적 삶의 양식으로 폭로하는 것은 암흑을 암흑으로 폭로하는 것이다.

---

8) "말고기"와 "여자 고기"를 나란히 놓은 것은 또한 인간을 모독하려는 의도이다. 인간과 말을 동등하게 취급하였기 때문이다. 전통적 가치관의 붕괴라는 점에서 - 인간은 그동안 '창조의 왕관'이었다 - 「마하고니 노래 1」을 표현주의 시의 연장으로 볼 수 있다. 고트프리트 벤의 시 「작은 과꽃Kleine Aster」(1912)과 비견된다.

> 세계의 암흑화가 예술의 비합리성을 합리적으로 만든다. […] 예술은 재앙을 받아들인다.[…] 재앙에 헛되이 반항하는 대신. 예술은 동일화를 통해 재앙을 보임으로써 그 재앙의 무력화를 기대한다. […] 그외 허위의 달콤함에 빠져있는 예술들이 있다.[9)]

아도르노는 예술에게 "암흑"을 암흑으로, "재앙"을 재앙으로 드러낼 것을 요구한다. "허위의 달콤함에 빠져있는 예술"이란 이를테면 조화 화해의 예술로서 암흑을 암흑으로, 재앙을 재앙으로 드러내지 않는 예술이다. 「마하고니 노래 1」은 자본주의적 삶의 양식을 '여자 고기', "위스키", '포카 테이블' 등 자본주의적 삶의 양식으로 드러내고 있다. 그럼으로써 자본주의적 삶의 양식의 "무력화를 기대한다".

4 나가며

김상용의 「남으로 창을 내겠소」, 백석의 「나와 나타샤와 흰 당나귀」, 그리고 브레히트의 「마하고니 노래 1」을 '낭만주의적 도시시'로 명명할 수 있다. '도시

---

9) Th. Adorno, Ästhetische Theorie, Frankfurt/M. 1981, 35-36면; 이 책 10章 「'파편적 글쓰기'에 대한 몇 가지 파편」 참조.

현실에 대한 비판'이 있고, '다른 곳에 대한 상상'이 있기 때문이다. 앞의 두 작품과 「마하고니 노래 1」의 차이는 '다른 곳에 대한 상상'의 차이이다. 「남으로 창을 내겠소」와 「나와 나타샤와 흰 당나귀」에서 다른 곳에 대한 상상은 각각 '남쪽에서의 농경 생활'과 '산골 오두막 생활'에 대한 상상이었다. 「마하고니 노래 1」에서도 '다른 곳에 대한 상상'이 있지만("마하고니로 가자") '다른 곳'은 지금 있는 곳과 다를 바가 없는 곳이었다. 마하고니는 지금 있는 곳과 마찬가지로 자본주의적 삶의 원칙이 지배하는 곳이었다. 상업주의와 최대이윤의 법칙이 지배하는 곳이었다. 세상은 상업주의와 최대이윤의 법칙의 세상이었다. 상업주의와 최대이윤의 법칙이 지배하지 않는 곳은 없었다. 브레히트는 암흑을 다른 것으로 호도하지 않고, 아도르노의 말을 빌면, '허위의 달콤함'으로 호도하지 않고, 암흑을 암흑 그대로 보여주었다.[10)]

10) 「남으로 창을 내겠소」와 「나와 나타샤와 흰 당나귀」들이 '허위의 달콤함의 예술'이 아니다. 허위의 달콤함의 예술은 조화 화해로['아름다움'으로] 암흑을 호도하는 예술이다. 예를 들어 광고같은 것이 조화 화해의 예술이다.

08

'전쟁/평화'에 대한 세 개의 단상
– 브레히트 시를 예로 들며

내 형은 조종사였어요.
어느 날 형은 지도 한 장을 받았어요.
형은 짐을 꾸렸고
남쪽으로 비행했어요.

형은 정복자이지요.
우리 민족에게는 공간이 부족해서
땅과 토지를 얻는 것이
우리 민족의 오랜 꿈이었죠.

형이 정복한 공간은
과달라마 산악지대에 있지요.

공간의 길이는 일 미터 팔십이고
깊이는 일 미터 오십이지요.

— 브레히트, 「내 형은 조종사였어요」(1937) 전문

1 자본가들의 戰爭 · 프롤레타리아들의 戰場

제1차 세계대전(1914-1918)은 주지하다시피 제국주의 전쟁이었다. 자본가들을 위한 전쟁이었다. 불란서와의 전쟁(1870-1871)에서 승리한 독일의 프로이센은 그 여세를 몰아 독일을 통일시켰다. 신성로마제국에 이어 다시 독일제국이 출범하였다. 이른바 제2제국이었다. 통일 독일은 회사창립시대(혹은 유령회사범람시대)를 거치면서 유럽 제일의 경제대국이 되었다. 20세기 초의 독일은 철강 생산량, 석탄 생산량, 철도 연장길이 등 모든 산업상의 지표에서 빅토리아 왕조의 '해가 지지 않는 나라'를 능가하였다. 독일은 뒤늦게 고도산업사회에 들어섰다. 독일의 자본가들은 '안정적' 원료 확보와 '안정적' 상품 판매를 위해 황제 빌헬름에게 '식민지'를 요구하였다. 식민지 요구는 다름아닌 전쟁 요구였다. 아시아, 아프리카, 남아메리카들은 이미 영국, 프랑스, 스페인, 포르투갈, 네덜란드, 미국들이 분할해서 나누어 갖고 있었다. 뒤늦게 고도

산업사회에 들어선 독일은 '싸워서' 식민지를 확보하는 길밖에 없었다.

자본가들을 위한 전쟁 법안에 당시 의회에서 다수를 차지하고 있었던 리프크네히트, 베벨, 그리고 카우츠키의 사회민주당은 찬성표를 던졌다. 만국의 프롤레타리아들은 단결하는 대신 서로에게 총부리를 겨누게 되었다. 제1차 세계대전은 또한 프롤레타리아가 프롤레타리아를 죽이는 전쟁이었다.

많은 경우 전쟁은 가진 자들을 위한 전쟁이라고 할 수 있다. 혹은 강대국을 위한 전쟁이라고 할 수 있다. 이라크전쟁을 통해 이득을 보는 것은 미국이고, 미국의 가진 자들일 것이다. 이를테면 방위산업체의 주인들과 석유회사의 주인들일 것이다. 물론 정치가들도 그들의 수지타산을 염두에 두고 전쟁을 감행했을 것이다. 전쟁이 그들을 이롭게 해준다는 – 이를테면 재선에 도움이 된다는 – 산술적 판단 하에 전쟁을 감행했을 것이다. 이라크전쟁 뿐만 아니라 그 이전의 베트남전쟁도 마찬가지였을 것이다. 강대국 미국을 위한 전쟁이었고, 정치가들을 위한 전쟁이었고, 자본가들을 위한 전쟁이었을 것이다.

전쟁이 있다면 戰場이 있다. 전장에서 싸우는 것은 정치가들이 아니고, 자본가들이 아니다. 다음 두 편의 시가 이에 대해 성찰하게 해준다.

① 장군, 당신의 탱크는 막강한 전차로군요.
숲을 깔아뭉개고 수백의 인간을 짓이겨버리니.
하지만 […] 탱크에는 운전병이 필요하지요.

— 브레히트, 「장군, 당신의 탱크는 막강한 전차로군요」
(1936-1937) 부분

② 젊은 알렉산더는 인도를 정복했다.
혼자서 했을까?
시저는 갈리아를 무찔렀다.
그가 적어도 요리사 하나쯤은 데리고 있지 않았을까?
스페인의 필립 왕은 그의 함대가 몰락했을 때 울었다. 필립 왕만 울었을까?
프리드리히 대왕은 7년 전쟁에서 승리했다. 그 말고 승리한 자는 없었을까?

책의 모든 페이지마다 승리가 나온다.
승리의 향연은 누가 차렸는가?
십 년마다 위대한 자가 나온다.
거기에 드는 비용은 누가 대었는가?

— 브레히트, 「책 읽는 노동자의 의문」(1939) 부분

①: 戰場에서는 "장군"이 아니라 "운전병"이 싸우는 것이라고 하고 있다. "수백의 인간"을 죽이는 것은 장군이 아니라, "탱크"가 아니라, 탱크의 운전병이라고 하고 있다.

②: 역사가 여태까지 기록한 것은 "젊은 알렉산더" "시저" "필립 왕" "프리드리히 대왕"이었다고 하고 있다. 전쟁은 이들만의 전쟁이 아니었다고 하고 있다. 혹은 戰場은 이들만의 戰場이 아니었다고 하고 있다. 이를테면 스페인의 '무적함대'가 격침되었을 때, 무적함대와 같이 바다에 가라앉은 것은 필립 왕이 아니라, 그의 군사들이었다는 것을 생각하게 하고 있다. 제1차 세계대전이 부르주아들의 전쟁이었지만 전쟁을 실제 담당한 것은, 戰場에서 실제 죽이고 죽은 것은, 프롤레타리아들이었던 것처럼.

2 천한 자들도 전쟁을 원한다

전쟁을 원하는 것은 자본가들만이 아니다. '천한 자들'도 전쟁을 원할 수 있다. 천한 자들도 평화를 얘기할 수 없다. 먹을 것이 없는 사람들, 고기 한 점 먹어보지 못한 사람들이 평화를 얘기할 수 없다. 너무 고단해 인생에 대해서, 인생의 의미에 대해서, 생각해보지 못한 사람들이 평화를 얘기할 수 없다. 여행 한 번 해보지 못한 사람들이, 산맥과 바다가 어떻게 생겼는지 모르는 사람들이 평화를 얘기할 수 없다.

지체가 높은 사람들에게는
먹을 것에 관한 얘긴 천한 일로 간주된다.
자기들은 벌써
먹었기 때문이다.

천한 자들은 맛있는 고기 한 점도 못 먹어보고
세상을 뜰 수밖에 없다.

인간이 어디에서 와서 어디로 가는지
성찰하기엔
천한 자들은 너무나 지쳐있다.
아름다운 저녁이라지만.

천한 자들은 아직
산맥도 커다란 바다도 구경하지 못했다.
한창 때가 지나가고 있어도.

— 브레히트, 「지체가 높은 사람들에게는」(1936-1937) 부분

다음은 평화를 얘기할 수 없는 '천한 자'에 대해 쓴 필자의 시이다.

분단국의 노숙자는 꿈을 막 꾼다
주식회사는 망해서 주주들은 깡통을 찰 것이다
원(won)은 대한민국 망명정부의 지폐가 될 것이다
부자는 가난뱅이가 되고
가난뱅이는 가난뱅이 과부는 과부 고아들은
지금처럼 울부짖을 거다
집 없는 자는 집 없는 자가 될 것이고
집 있는 자는 집 없는 자가 될 것이다
전쟁만 일어나면

분단국 노숙자는 혼자 죽을 생각이 나지 않는다
햇볕의 정치 아래서 서늘한 달빛을 쬐는
분단국 노숙자는
북남한 회담이든 북미 회담이든 결렬될 때마다 그 결렬을
드러내지 않고 기뻐한다
大浦洞 미사일이 날을 때 미소를 짓는다
잠수정이 올 때마다 미소를 지었다고 한다

— 「서울역 · 조니 워커 블루」 전문(1999)

시적 화자가 '전쟁'을 원해서 쓴 시는 아닐 것이다. 직장에서 내몰린, 세끼 밥을 걱정해야 하는, 서울역 노숙자들의 심정이 이와 같을지 모른다고 생각했을 것이다. 더 내려갈 곳이 없는 사람들은 정말 이와 같은 생각을 할지 모른다.

어느 사회이건 '천한 자들'이 있고, 천한 생각이 있기 마련이라고, 그냥 넘어갈 수 없다. '이웃이 불행하면 나도 불행하다'는 명제는 초역사적으로 유효하다. 현실사회주의가 무너졌어도, 'IMF 시절' 이후 신자유주의의 광풍이 몰아쳤어도, 설령 지금이 이웃의 불행이 나의 행복이고, 이웃의 행복이 나의 불행이라고 당당히 말해도 되는 '악덕의 시대'라고 해도.

> 나는 유복한 사람들의 아들로 자라났다.
> 나의 부모님은
> 나의 옷에 칼라를 달아주었다.
> 어떻게 시중 받는지를 가르쳐주었고
> 명령하는 기술에 대해서 가르쳐주었다. 그러나
> 내가 성장해서 주변을 둘러보았을 때
> 나와 같은 계급의 사람들이 내 마음에 들지 않았다.
> 명령하는 것도 시중 받는 것도 마음에 들지 않았다.
> 그래서 나는 나의 계급을 떠났으며
> 천한 자들과 동무가 되었다.
>
> — 브레히트, 「그럴 듯한 이유로 쫓겨나다」(1938) 부분

동정, 혹은 '같이 아파한다'라는 뜻의 同苦는 가장 근원적인 인간의 감정이다. 인간 예수는 인류를 동고하여 십자가에 못 박히는 고통을 감내하였다. 인간 석가도 역시 인류를 동고하여 왕궁을 버리고 진리를 찾아다녔다. 동고는 가장 위대한 격정이다. 인류애는 가장 위대한 격정이다. 이웃의 불행이 나의 불행이라고 말하는 자는 가장 위대한 자이다. 이웃의 행복이 나의 행복이라고 말하는 자는 가장 위대한 자이다.

3 '서정시를 쓰기 힘든 시대'[1)]

'전쟁의 시대'가 아닌 적이 없다. "궁핍한 시대에 시인은 무엇을 위해 존재하는가." 브레히트는 '서정시를 쓰기 힘든 시대'에 대해 말하였다.

내가 시에 운을 맞춘다는 것은
거의 오만에 가까운 일로 보인다.

나의 내부에서는 피어나는 사과나무꽃에 대한
열광과 화가의 연설에 대한 경악이

1) 졸저, 『브레히트 시의 이해』, 연세대학교 출판부, 2004, 68-76 참조.

서로 다투고 있다.
그러나 나를 책상으로 인도하는 것은
화가의 연설에 대한 경악이다.

— 「서정시를 쓰기 힘든 시대」(1939) 부분

파시즘의 시대에, 파시즘에 의한 전쟁의 시대에, "운을 맞"추어 시를 쓴다는 것은 "오만에 가까운 일"이라고 하고 있다. "화가의 연설"은 히틀러의 연설이었다. 히틀러는 화가였다. 운을 맞춘 시(혹은 "사과나무꽃에 대한" 시)가 브레히트가 말하는 서정시이다. 브레히트는 서정시가 아닌 '히틀러의 연설에 대한 시'(혹은 '히틀러의 연설에 대한 경악의 시')를 써야 한다고 하고 있다. 브레히트는 심지어 '나무에 대한 시를 쓰는 것'[서정시를 쓰는 것]을 '범죄'라고까지 하였다.

나무에 대한 대화가 수많은 불의에 대한 침묵을 내포하는 것이므로
거의 범죄 수준이 되는 시대
이 시대는 도대체 어떤 시대란 말인가.

— 「후손들에게」(1934/1938) 부분

"나무들에 대한 대화"(혹은 나무들에 대한 노래)가 "범죄 수준"이 된다고 한 것은 나무들에 대한 대화가 "불의에 대한 침묵을 내포하"기 때문이라고 명시적으로 밝히고 있다. 달리 말하면 나무에 대해 노래하는 것은, 서정시를 쓰는 것은, 불의를 호도하는 것이다. 불의의 시대에는 불의를 노래해야 한다. 다시 말하면 '나무'에 대해 얘기하는 것은 정의에 대해 얘기하는 것과 같다. 불의의 시대가 '정의의 시대'라고 하는 것과 같다.

> 아우슈비츠 이후의 모든 문화는 〔…〕 쓰레기이다.(1966)
>
> 아우슈비츠 이후 시를 쓰는 것은 야만적이다.(1951)

아도르노의 말들이다. '아우슈비츠 이후의 모든 문화는 쓰레기이다'를 '아우슈비츠 이후 모든 예술은 쓰레기이다'라고 바꾸어 말할 수 있다. "예술" 혹은 "시"를 '예술을 위한 예술', '시를 위한 시'라고 말할 수 있다. 아도르노가 '예술종말론'을 얘기했다고 할 수 없다. 아도르노는 '아우슈비츠'를 환기시키는 예술, '또 다른 아우슈비츠'를 경고하는 예술을 요청하였다고 할 수 있다. 100년 전의 하이네 역시 '예술시대의 종말'을 얘기하면서 '역사로부터 도피한 예술'이 아닌 '역사로 들어가는 예술'을 요청했었다.

다음은 평화를 위해 싸우다가 죽은 카를 폰 오씨예츠키를 위한 레퀴엠이다. 역시 브레히트의 것이다.

항복하지 않은 사람이
맞아 죽었다.
맞아 죽은 사람은
항복하지 않았다.

반대자의 입은
흙으로 채워져 막혀지고
잔인한 미증유의 일이
시작된다.
평화주의자의 무덤을
수많은 병력이 짓밟는다.

투쟁은 그러니 헛되었던가?
그러나 맞아 죽은 자가 혼자 투쟁한 것이 아니었다면
적은 아직
승리하지 못했다.

—「평화를 외치던 전사의 죽음에 부쳐
(카를 폰 오씨예츠키를 추모하며)」 전문(1938)

반전 평화 운동가 오씨예츠키는 나치에 항거하다 1933년 붙잡혀 고문을 받았으며, 그 고문의 후유증으로 1938년 죽었다. 1936년 노벨 평화상을 받았다.

09

문학의 카니발화

1 들어가며

'문학의 카니발화'라고 하는 것은 문학에서 카니발을 보게 하고 겪게 하는 것이다. 카니발을 간접체험하게 하는 것이다. 카니발이 '전복성'의 카니발이라면 전복성을 간접체험하게 하는 것이다.

논의의 전제는 우선 카니발은 르네상스 이후(혹은 라블레 이후) "순수한 문학적 전통"으로만 남게 되었다는 바흐찐의 견해에 동의하는 것이다.[1)] 요컨대 문학에 '반영'된 카니발, 혹은 문학상의 언어로 '전치'된 카니발이 본고의 관심이다.

---

1) Problems of Dostoevsky's Poetics, ed. and trans. Caryl Emerson, Minneapolis: University of Minnesota P. 1984(이하 Dostoevsky로 줄임), 러시아어 초판은 1929년에, 수정판은 1963년에 나왔다. 131면.

> [카니발의] 언어는 […] 말의 언어로 번역될 수 없다. 추상적 개념으로 번역되는 것은 더욱 불가능하다. 그러나 카니발의 구체적 감각적 성격과 어떤 공통점이 있는 예술적 이미지의 언어로 옮기는 일은 쉽다. 즉 카니발은 문학의 언어로 옮겨질 수 있다. **우리는 카니발의 문학 언어로의 전치를 문학의 카니발화라고 부른다.** (강조는 필자)[2]

바흐찐은 카니발의 문학 언어로의 전치를 "문학의 카니발화"라고 명명하였다. 카니발을 문학의 언어로 전치할 수 있는 것은 카니발의 언어처럼 문학의 언어 역시 "구체적 감각적 성격"을 지니고 있기 때문이라고 하였다.

2 메니피아식 풍자와 '말의 다양성'

문학의 카니발화에 대한 바흐찐의 가장 중요한 저작은 『도스토예프스키 시학의 문제』이다.[3] 여기에서 카니발화한 문학의 대표적 양식으로서 메니피아식 풍자에 대해 소상히 기록하고 있을 뿐만 아니라, 카니발의 '4가지 범주'를 사용하여 카니발화한 문학의 특

---

2) Dostoevsky, 122면.

3) 각주 1) 참조.

징을 밝히고 있기 때문이다.[4)]

메니피아식 풍자Menippean satire[5)]는 '소크라테스적 대화'와 함께 '진지한 笑劇'의 가장 중요한 하위 범주였다.[6)] '진지한 笑劇'은 "카니발적 민속전승"에 뿌리를 두고 있으며, 따라서 "카니발적 세계관"을 보여주고 있다.[7)] 진지한 장르들인 비극 및 서사시들에 대한 반대로서 "대화적"을 특징으로 한다. 비극 및 서사시들은 "독백적", 혹은 '폐쇄적'이 특징이다.[8)]

메니피아식 풍자 역시 카니발적 민속전승에 뿌리를 두고 있다는 점,[9)] 따라서 카니발적 세계관을 보여주고 있다는 점, 그리고 역시 공식적 장르들인 서사시, 비극들에 대한 대응이었다는 점이 강조되어야 한다. 라흐만은 메니피아식 풍자를 역사철학적으로 다음과 같이 명쾌하게 규정지었다.

---

4) 카니발의 네 가지 범주에 대해서는 각주 38) 참조.

5) 메니피아식 풍자는 기원전 1세기 로마의 바로가 자신의 풍자물들을 메니피아식 풍자라고 이름 붙인 데서 연원한다. 메니피아는 기원전 3세기 그리스 철학자 메니푸스의 이름에서 온 것이고. Dostoevsky, 112-113면 참조.

6) Dostoevsky, 109면 참조.

7) Dostoevsky, 107면.

8) Dostoevsky, 106면, 109면 참조.

9) Dostoevsky, 112면.

> 메니피아식 풍자는 […] 카니발이 공식문화에 대해 표현하는 것과 같은 똑같은 상황을 기존 문학 및 그 위계에 대해 표현하는 형식이라고 할 수 있다.[10]

메니피아식 풍자가 기존 문학에 대한 반대라는 것을 강조하면서, 동시에 메니피아식 풍자가 기존 문학에 대해 갖는 관계는 카니발이 공식문화에 대해 갖는 관계와 같다고 하고 있다. 메니피아식 풍자와 카니발의 近親性을 명백히 한 것이다. 메니피아식 풍자가 카니발화한 문학의 대표적 양식일 수 있는 것은[11] 고대의 카니발화한 양식을 대변하는 유일한 것으로서 바흐찐의 말을 빌면 장르는 "문학 발전 과정에서의 창조적 기억을 대표"하기 때문이다. "장르는 현재에 살고 있지만, 항상 자신의 과거를, 자신의 始作을 기억하고 있다."[12] 바흐찐에 의하면 고대 로마의 여러

---

10) R. Lachmann, Vorwort, in: M. Bachtin, Rabelais und seine Welt. Volkskultur als Gegenkultur. Aus dem Russischen von G. Leupold. Hrsg v. R. Lachmann, Frankfurt/M. 1987, 30면.

11) 토이버의 바흐찐 해석에 의하면 메니피아식 풍자는 카니발이 문학에 영향을 끼친 구체적 문학 형식으로서 카니발의 특성들을 포함한다. "카니발화한 장르의 모범적 예"이다. B. Teuber, Fest/Feier, Ästhetische Grundbegriffe, Stuttgart 2001, Bd. 2. 373면.

12) Dostoevsky, 106면 참조.

작품들 이외에 라블레와 도스토예프스키의 작품들이 메니피아식 풍자의 전통에 놓여 있다. 메니피아식 풍자에서 '대화적' 현대 소설이 출현하였고 이것은 도스토예프스키에서 절정을 이룬다. 소설은 메니피아식 풍자와 상호텍스트성의 관계에 있다.

바흐찐은 '메니피아식 풍자'와의 관계를 소설에 국한시켰다. 이를테면 라블레와 도스토예프스키의 소설들이 메니피아식 풍자의 전통에 놓여 있다. 그러나 문제는 메니피아식 풍자이지 소설이 아니다. 메니피아식 풍자를 라블레와 도스토예프스키의 소설들에서 볼 수 있었기 때문에 라블레와 도스토예프스키의 소설들이 점지되었고, 메니피아식 풍자 양식에 근거한 분석이 이루어졌다고 보는 것이다. 소설에서 메니피아식 풍자를 볼 수 있다는 선험적 결론을 내린 후 메니피아식 풍자가 들어있는 소설들을 찾은 것은 아니라는 말이다. 메니피아식 풍자가 소설이 아닌 詩에서 나타났다면 詩를 메니피아식 풍자 양식의 관점에서 분석할 수 있다. 카니발의 4가지 기본 범주의 문학적 적용도 마찬가지이다. 카니발리즘을 특정 장르의 문학에 고정시킬 이유가 없는 것이다.

메니피아식 풍자의 詩的 적용, 그리고 카니발의 4

가지 범주의 詩的 적용이 타당하다고 주장하는 것은 바흐찐이 메니피아식 풍자를 소설에만 적용했기 때문이기도 하지만, 또한 그가 '말의 다양성', 혹은 대화성Dialogizität을 기준으로 시적 담론과 소설적 담론을 구분했기 때문이다. 그는 '시의 언어'는 "단일한 진술과 독백적 진술"이라고 하였다.

> 시인이 언어에 대해 가지고 있는 생각은 단일함과 유일함이다. 진술에 대해서도 마찬가지다. 단일한 진술과 독백적 진술이다. 이런 생각이 시인이 작업하는 여러 시 장르들에서 구체화된다. 방향 설정 과정은 정해져 있고 말의 다양성은 고려되지 않는다. 시인은 그의 언어를 오로지 자신만의 소유에 두어야 하고, 언어의 모든 계기들에 대해 똑같은 책임을 져야 하고, 언어를 자기 자신의, 오로지 자기 자신의 의도에만 복속시켜야 한다.[13]

"언어를 오로지 자신만의 소유에 두"고 "오로지 자신의 의도에만 복속시"키는 것은 "말의 다양성", 혹은 대화성을 부정하는 것이다.[14] 그러나 여기에서도 문

---

13) M. Bachtin, Das Wort im Roman, in: ders., Die Ästhetik des Wortes. Aus dem Russischen von R. Grübel u. S. Reese. Hrsg. v. R. Grübel, Frankfurt/M. 1979(이하 Das Wort로 줄임), 188면.

제는 '말의 다양성'이지 소설적 담론이 아니라고 보아야 한다. 바흐찐이 말의 다양성을 소설적 담론에서 볼 수 있었고 시적 담론에서 볼 수 없었다고 하면 그만이다. 바흐찐 이후의 詩的 전개에서 말의 다양성을 볼 수 있다면 말의 다양성의 관점에서 이야기할 수 있다. 다시 말하지만 문제는 '말의 다양성'이지 소설적 담론, 혹은 시적 담론이 아니기 때문이다. 나희덕은 바흐찐이 말의 다양성을 기준으로 시적 담론과 소설적 담론을 구분한 것을 "어디까지나 소설적 담론이 가진 특징을 부각시키기 위해 일종의 비교 대상으로서 시적 담론을 거론한 것으로 보아야 할 것이"라고 말한다.[15)]

'말의 다양성'이 구체화된 곳이 바흐찐에 의하면 다성적 소설polyphonic novel이다.[16)] 다성적 소설에서 "예술적으로 조직된 말의 다양성"이 나타난다. "저자

---

14) "작품 속에 들어가는 모든 것은 레테의 강물에 몸을 담가야 한다. 이전의 다른 문맥에서 가졌던 의미는 잊어야 한다. 오로지 시적 문맥에서의 의미만을 얻어는 기억할 수 있다." 역시 詩作品에 대한 바흐찐의 말이다. Das Wort, 188면.

15) 나희덕, 「다성적 공간으로서의 몸」, 『보랏빛은 어디에서 오는가』, 창작과비평사, 2003, 228-229면 참조.

16) 도스토예프스키의 소설이 다성적 소설이고 톨스토이의 소설이 독백적 소설이다. Dostoevsky, 68-72면 참조.

의 말, 서술자의 말", "주인공의 말" 등이 병존한다. 바흐찐에 의하면 그러나 이들은 기본적 구성 단위일 뿐이다. 이들을 매개로 "수많은 사회적 목소리"17)가 소설 속으로 들어온다. "주제의 이동" 혹은 [주제의] "분산"이 이루어진다. 더욱 중요한 것은 병존 · 이동 · 분산이 아니라, 그들 간의 "연결과 상호작용", 즉 "對話化"이다.18) 대화화에서 수많은 '효과'가 발생하는데 예를 들면 "두 목소리의 말zweistimmige[s] Wort"19), "말의 다양성Redevielfalt"20), 혹은 "언어의 다양성Vielfalt von Sprachen"21), 그리고 "혼종화Hybridisierung"22)들이다. 이것을 가능하게 한 것이 카니발적 문화였다. 카니발적 문화의 "이야기의 자유 · 행동의 자유"가 문학으로 넘어갔다고 보는 것이다.23)

혼종적인 것das Hybride은 복합적인 것이다. '혼종구조'에 대해 바흐찐은 다음과 같이 말하고 있다.

---

17) 예를 들어 '저자의 말'에 묻어 나오는 "낯선 말fremde Rede"이 있다. Das Wort, 193-194면 참조.

18) Das Wort, 157면.

19) Das Wort, 213면.

20) Das Wort, 217면.

21) Das Wort, 201면.

22) Das Wort, 209면.

23) B. Teuber, 앞의 책, 374면 참조.

우리는 문법적 (통사적) 구성적 특징에 있어서는 유일한 화자의 것이지만, 실제로는 두 개의 진술, 두 개의 언술 방식, 두 개의 문체, 두 개의 언어들이 […] 뒤섞여 있는 발언을 혼종 구조라고 부른다.[24)]

간단히 말해 혼종 구조란 "단일한 발언의 영역 안에 두 개의 사회적 언어가 뒤섞인 것"[25)]이다. 다른 말로 하면 '사상의 혼합주의Synkretismus'이다. 독일문학사에서 사상의 혼합주의의 전형적 예로 '사회귀족주의'를 들 수 있을 것이다. 사회귀족주의는 마르크시즘과 니체주의의 혼합물이었다. '사회'는 마르크스에게서 왔고 '귀족주의'는 니체에게서 왔다. 19세기 말 독일의 지식인들은 마르크스의 『자본론』에게 열광하기도 했고 니체의 『차라투스트라는 이렇게 말했다』에 열광하기도 했다. 대부분 마르크스주의자에서 니체주의자로의 도정, 즉 '참여주의자에서 개인주의자로의 도정'을 밟았는데, 하루아침에 니체주의자로 변신할 수 없었을 때 나타난 기묘한 사상의 혼합물, 바로 그것이 사회귀족주의였다.[26)] 사회귀족주의라는 기묘한 사상의 혼합물의

24) Das Wort, 195면.

25) Das Wort, 244면.

구체화가 바로 홀츠의 『사회귀족주의자들』이라는 작품이다.[27]

카니발과 문학의 관계를 넓은 의미의 상호텍스트성의 관계로 볼 수 있다. '대화성' 개념은 크리스테바에 의해 수용되어 상호텍스트성 개념으로 발전하였다. 서로 다른 목소리들의 대화는 텍스트들의 대화였다. 크리스테바는 모든 텍스트를 예외 없이 "인용의 모자이크"이거나 "다른 텍스트의 흡수, 다른 텍스트의 변형"으로 파악하였다. "문학 언어는 마침표가 아니라, 무수한 텍스트들의 集積이다"[28] 바르뜨 또한 "무한한

---

26) 보르히마이어에 의하면 사회귀족주의에는 사회다윈주의, 급진적이고 개인주의적인 엘리트 사상, 사회주의, 국민정신 이데올로기 등이 복잡하게 뒤섞여 있었다. D. Borchmeyer, Der Naturalismus und seine Ausläufer, in: Viktor Žmegač(Hg.), Geschichte der deutschen Literatur vom 18. Jahrhundert bis zur Gegenwart, Bd. 2/1 (1848-1918), Königstein/Ts. 1980, 177면; 사회귀족주의에 대한 실증적 고찰에 대해서는 H. Scheuer, Zwischen Sozialismus und Individualismus – Zwischen Marx und Nietzsche, in: ders. (Hg), Naturalimus. Bürgerliche Dichtung und soziales Engagement, Stuttgart 1974, 160면 참조.

27) 이에 대해서는 졸고, 「홀쯔의 『사회귀족주의자들』에 나타난 풍자적 시대비판」, 『현실인식과 독일문학』, 김병옥 편, 열음사, 1991 참조.

28) M. Pfister, Intertextualität, in: D. Borchmeyer u. V. Žmegač(Hg.), Moderne Literatur in Grundbegriffen, Frankfurt/M. 1987. 197-198면에서 재인용.

텍스트의 바깥에서 살기가 불가능하다는 것, 이것이 상호텍스트이다. 그 텍스트가 프루스트의 텍스트이든, 일간신문의 텍스트이든, 텔레비전의 텍스트이든"이라고 하였다.[29] 물론 상호텍스트성을 텍스트와 텍스트의 관계에 대한 그간의 다양한 전통적 수사법들인, 예를 들어 인용, 명유, 풍자, 번역, 각색, 패러디 등을 포괄하는 개념으로 이해할 수 있다.

3 詩文學의 카니발화

우선 김춘수의 '무의미시'를 '말의 다양성'의 관점에서 접근할 수 있다. 무의미시란 여러 개의 이미지로 이루어진 시이다. 여러 개의 이미지들이 단일한 통일된 의미를 만들지 않는다.[30] 김춘수의 <처용단장> 2부의 「序詩」는 다음과 같이 시작한다.[31]

울고 간 새와
울지 않는 새가 만나고 있다.

---

29) R. Barthes, Die Lust am Text, Frankfurt/M. 1974, 53-54면.

30) 본고 10章「'파편적 글쓰기'에 대한 몇 가지 파편」 참조.

31) 김춘수, <처용단장>, 『김춘수詩選』, 정음사, 1981, 138면.

구름 위 어디선가 만나고 있다
기쁜 노래 부르던
눈물 한 방울,
모든 새의 혓바닥을 적시고 있다.

"울고 간 새"와 "울지 않는 새" 사이에 아무런 맥락이 없다. "구름 위 어디선가 만나고 있다"라고 했는데 '어디선가'라는 부사어 때문인지, "구름 위"라는 말 때문인지 불성실한 느낌을 준다. "기쁜 노래"와 "눈물 한 방울"의 관계도 석연치 않다. 기쁜 노래와 눈물 한 방울 사이에 무슨 관련이 있는가. 한 편의 시에 두 개 이상의 목소리가(혹은 감정이) 존재한다고 할 수 있다.

돌려다오.
불이 앗아간 것, 하늘이 앗아간 것, 개미와 말똥이 앗아간 것,
女子가 앗아가고 男子가 앗아간 것,
앗아간 것을 돌려다오.
불을 돌려다오. 하늘을 돌려다오. 개미와 말똥을 돌려다오,
여자를 돌려주고 남자를 돌려다오.
쟁반 위에 별을 돌려다오.
돌려다오.

김춘수의 <처용단장> 제2부 I절이다.32) <처용단장> 제2부는 「序詩」를 포함해 전부 9개의 절로 구성되어 있다. 9개의 절이 상호 긴밀한 내적 긴장관계에 있지 않다. 바흐찐식으로 말하면 '9개의 목소리'의 말이 존재한다. 상호 긴밀한 내적 긴장관계는 하나의 절 내부에서도 존재하지 않는다.

우선 무엇을 "돌려"달라고 하는 것인가. "불이 앗아간 것"을 돌려달라고 하는 것인가. "하늘이 앗아간 것"을 돌려달라고 하는 것인가. "개미와 말똥이 앗아간 것"을 돌려달라고 하는 것인가. 밑으로 내려가면 더 가관이다. "불을 돌려"달라고 하고 있다. "하늘을 돌려"달라고 하고 있다. "개미와 말똥을 돌려"달라고 하고 있다. 전혀 다른 목소리가 나오고 있다. 불과 하늘과 개미와 말똥은 앞에서는 주체였으나 밑에서는 객체로 전락(?)하였다. "女子"와 "男子"들도 마찬가지이다. 앞에서의 女子와 男子는 주체였지만 뒤에서의 女子와 男子 또한 객체이다. "쟁반 위에 별을 돌려다오"라고 한 것도 가관이다. '또 하나의 목소리'라고 하지 않을 수 없다. 물론 이미지의 정박을 계속 늦추어 무의미화시키려는 김춘수 고유의 무의미시론과 관계있다. 한 편의 시에 여러 개의 이미지를 두는 것은 여러 개의 목

32) 위의 책, 138-139면.

소리를 두는 것과 같다. X절에서는 "여치"보고 "손바닥에 앉아다오"라고 하다가, "손등에 앉아다오"라고 하다가, "내리는 눈 잔등에 […] 앉아다오"라고 하였다.

브레히트 시에서 나타나는 서사적 자아 또한 '말의 다양성'의 관점에서 접근할 수 있다. 서사적 자아란 '별도의 목소리'로서 시적 환상을 중단시키는 자아이다. '폐쇄적'인 '단일한 진술과 독백적 진술'을 깨뜨리는 자아이다. 서사적 자아는 원래 소설의 것이므로 브레히트의 '서사적 시'를 서사문학과 서정문학의 '혼종'이라고 할 수 있다.

아, 어떤 식으로 이 작은 장미를 기록해야 할까?
갑자기 짙은 빨강의 장미, 신선한 장미가 보이지 않는가?
아, 장미를 찾아온 것은 아니지만
우리가 도착했을 때 장미가 거기 있었네.

장미가 거기 있기 전에는 아무도 장미를 기대하지 않았는데.
장미가 거기 있었을 때 누구나 놀랐네.
출발하지 않은 것이 목적지에 도착한 것.
그런데 대체로 모든 일이 그렇지 않은가?

— 브레히트, 「아, 어떤 식으로 이 작은 장미를 기록해야 할까」[33)]

시적 화자는 하나이지만 '목소리'는 두 개라고 할 수 있다. 둘째 연의 끝 두 행을 서사적 자아의 목소리라고 할 수 있다. 앞의 6개 행들이 진술하고 있다면 뒤의 두 행들은 주석하고 있기 때문이다. 주석은 서사적 주석이기 때문이다. 서사극의 서사적 자아(혹은 연출가)가 노래, 합창, 현수막, 간판 등으로 주석하는 것과 같다. 극적 환상을 깨는 것처럼 시적 환상을 깨고 있다. 브레히트의 다음 시에도 여러 개의 목소리가 있다.

재단사가 죽었어요.
사람들이 주교에게 말했습니다.
난리였어요.
날개는 갈기갈기 찢어졌고요.
그 자신은 조각나서 딱딱한
딱딱한 교회 마당에 누워 있어요.
종을 치시오.
그것은 거짓말에 불과했소.
인간은 새가 아니오.
인간은 날지 못할 거요.
주교가 사람들에게 말했습니다.

— 「울름 1592년」 부분[34)]

---

33) B. Brecht, Ach wie sollen wir nun die kleine Rose buchen, in: ders., Werke in 30 Bden, Frankfurt/M. 1993, Bd. 15, 283면.

1592년 울름의 한 재단사가 주교에게 높은 성당 지붕 위에서 날 수 있다고 하였다. 물론 주교는 날 수 없다고 하였다. 재단사는 높은 성당 지붕 위에서 날다가 떨어져 죽었다. 인용한 부분은 사람들이 재단사가 떨어져 죽은 사실을 주교에게 전하고 주교가 이에 대해 입장을 밝히는 장면이다. 사람들의 목소리와 주교의 목소리가 병존한다. 생략된 재단사의 목소리까지 고려하면 3개의 목소리이다. 물론 내용상으로 보면 두 개의 목소리이다. 재단사의 목소리와 주교의 목소리가 대치하고 있다. '단일한 진술' 및 '독백적 진술'이라고 할 수 없다.

이 시의 전언은 물론 주교의 "인간은 새가 아니요/ 인간은 날지 못할 거요"라는 말의 반대로서 '세상은 변화한다'는 것이다. 그리고 성직자(혹은 교회)도 틀릴 수 있다고 한 것이다.[35] 또 하나의 목소리를 추가할 수 있다. 다름 아닌 제목에 있는 "1592년"이라는 목소리이다. 콜럼버스가 아메리카 대륙을 발견한 1492년을 떠올리게 해서 다시 한 번 '세상은 변화한

34) B. Brecht, Ulm 1592, 같은 곳, Bd. 12, 19면.

35) "변화"는 "카니발적 세계관의 핵심"(Dostoevsky, 124면)에 다름 아니며, '성직자의 오류'를 지적한 것은 카니발의 4개의 중요한 범주 중의 하나인 "불경"의 항목에 포함되는 것이다. 각주 37) 참조.

다'는 것을 인식하게 하고 있다.[36] 몇 개의 목소리를 제시하여 독자로 하여금 변증법적으로 인식(혹은 판단)하도록 유도하고 있다.

주교의 '틀린 내용'의 목소리, 1492년을 떠올리게 하는 '1592년'의 목소리를 '서사적 자아'의 목소리라고 할 수 있다. 낯설게 하여 변증법적 인식과정에 이르도록 유도하기 때문이다. 낯설게 하여 변증법적 인식과정에 이르게 하는 것은 다른 말로 하면 소외효과이다.[37]

앞에서 언급했듯이 카니발적 세계관은 바흐찐의 『도스토예프스키 시학의 제문제』에 명료하게 정리되어 있다. 바흐찐은 이를 4개의 범주로 나누어 설명하고 있는데 이것이 또한 카니발화한 문학의 4개

---

36) '1592년의 목소리'는 바흐찐 개념을 빌어 말하면 '사회적 역사적 목소리'이다.

37) 부기하면, 환유적 글쓰기 또한 다성성Mehrstimmigkeit과 관계 있다. 이미지의 정박을 계속 늦추어 다양한 이미지를 형성하기 때문이다. 이를테면 "네가 오기 전/ 내 인생은 쓰레기/ 내 인생은 과거/ 내 인생은 얼음"(이승훈, 「네게 오기 전」, 『당신의 肖像』, 문학사상, 1981, 60면)이라고 했을 때 '쓰레기', '인생', '얼음'들이 환유의 연쇄이다. 3개의 목소리가 공존하고 있다. 공통분모는 무거움이다. 쓰레기도 무겁고 얼음도 무겁고 그래서 과거도 무겁다고 한 것으로 보이기 때문이다. 그러나 쓰레기와 얼음이 대화하고 있고 쓰레기, 얼음이 과거와 대화하고 있다.

의 기본 범주가 된다. 우선 간단히 요약하면, 첫째, "친밀함", 둘째, "괴이함", 셋째, "카니발적 결합" ["메잘리앙스"], 넷째, "不敬"이다.[38] 다음은 김행숙의 「미완성교향악」 전문이다.

소풍 가서 보여줄게
그냥 건들거려도 좋아
네가 좋아
상쾌하지
미친 듯이 창문들이 열려 있는 건물이야
계단이 공중에서 끊어지지
건물이 웃지
네가 좋아
포르르 새똥이 자주 떨어지지
자주 남자애들이 싸우러 오지
불을 피운 자국이 있지
2층이 없지
자의식이 없지
홀에 우리는 보자기를 깔고

음식 냄새를 풍길 거야
소풍 가서 보여줄게

38) Dostoevsky, 122-123면.

건물이 웃었어
뒷문으로 나가볼래?
나랑 함께 없어져볼래?
음악처럼[39]

첫째, '친밀함'에 대하여: 수직적 서열 대신 수평적 접촉을 이끄는 친밀함이다.[40] 「미완성교향악」에서 이것은 반말(혹은 구어)의 대화체 문장에서 나타난다. 반말은 친밀한 사이를 전제하거나 혹은 '친밀한 사이'를 유도한다.

둘째, '기이함'에 대하여: 카니발적 공간에서는 억압된 것, "인간 본성의 숨겨진 부분"[41]이 드러난다.

---

39) 김행숙, 「미완성교향악」, 『사춘기』, 문학과지성사, 2003, 73면.

40) 카니발이 문학 장르에 끼친 가시적 영향으로 "서사시적·비극적 거리의 파괴"를 들 수 있다. 카니발은 '거리 파괴'의 카니발, 즉 '친밀함'의 카니발이었다. Dostoevsky, 124면; 그동안 서사시와 비극들에는 고귀한 자들이 등장해서 고귀한 말씨를 사용하였다. 이러한 신분제한조항은 계몽주의 시대의 시민비극, 자연주의의 '제4계급의 문학'을 거치면서 완전히 삭제되었다. 예를 들어 시민비극에는 시민적 등장인물이 등장하여 관객과 문학의 '거리'를 좁혔다; 바흐찐의 다음과 같은 말을 참조할 것. "우리가 주목하는 것은 [···] 카니발이 문학에 끼친, 더 정확히 말하면, 문학 장르에 끼친 결정적 영향이다." Dostoevsky, 122면.

41) Dostoevsky, 122면.

바흐찐의 말을 빌면 카니발은 "모든 것을 소멸시키고, 모든 것을 재생시키는 시간"42)이다. 억압된 것, 숨겨진 것의 노출을 무의식의 '재생'이라고 할 수 있다. '소멸'은 에고(혹은 의식)의 소멸이다. 「미완성 교향악」에서 이것은 "자의식"의 소멸로 나타난다. 화자는 "2층이 없지/자의식이 없지"라고 하였다. 2층과 자의식은 의식의 자아이다. 프로이트식으로 말하면 의식의 자아가 없어지고 무의식의 이드가 나타난 것으로 볼 수 있다. 바흐찐식으로 말하면 '공식적 의식'을 누르고 '비공식적 의식'이 나타난 것으로 볼 수 있다.43) 카니발의 객관적 상관물인 "소풍"을, 혹은 '짓다 만 건물'을, "제2의 자아 Doppelgänger"를 경험하는 공간이라고 할 수 있다. 카니발 참여자들이 '제2의 자아'를 경험하는 것과 같다.44) 무의식 언어의 외면화를 통해 '나의 경험'과 '우리의 경험'의 대립이 지양되기 때문이다. "무의식은 초개인적이며 구체적인 담론의 한 부분이다."45)

---

42) Dostoevsky, 124면.

43) 바흐찐은 의식을 공식적 의식이라고 하였고 무의식을 비공식적 의식이라고 하였다. 바흐찐· 볼로쉬노프, 『바흐찐이 말하는 새로운 프로이트』, 송기한 옮김, 예문, 1998 참조.

44) R. Lachmann, 앞의 책, 34면 참조.

셋째, '카니발적 결합[메잘리앙스]'에 대하여: 간단히 말하면 상과 하, 성과 속의 접촉이다. 「미완성교향악」에서 이것은 '짓다 만 "건물"'과의 접촉, 불량한 "남자애들"과의 접촉, "새똥"과의 접촉, "불"과의 접촉 등으로 나타난다. 다르게 말하면 짓다 만 건물 바깥의 공식문화와 짓다 만 건물이 표상하는 비공식문화의 접촉이다. 또 하나의 메잘리앙스로 양식의 혼합을 들 수 있다. 짓다 만 건물이 표상하는 저급 양식으로서의 미완성교향악과 슈베르트의 「미완성교향악」이 표상하는 고급 양식의 만남이다.

넷째, '不敬'에 대하여: 하위범주는 신성모독, 패러디[희화화], 외설 등이다. 「미완성교향악」에서 이것은 슈베르트의 「미완성교향악」에 대한 신성모독, 혹은 패러디로 나타난다고 할 수 있다.[46] 슈베르트의

---

45) J. Lacan, Écrits, Paris. Edition du Seuil, 1966, 218면, 홍준기, 「라깡의 주체 개념」, 『현대비평과이론』, 1997. 가을·겨울, 38면에서 재인용.

46) 라흐만은 바흐찐이 요약한 메니피아식 풍자의 14가지 특징들을 12가지로 다시 요약하였는데 여기서 그는 패러디를 맨 앞에 둠으로써 메티피아식 풍자에서 패러디가 갖는 중요성을 강조하고 있다. 사실 14가지 항목들이 다 똑같이 중요한 위치를 차지하고 있는 것은 아닐 것이다. 라흐만의 요약은 다음과 같다. "패러디[희화화]; 웃음 자체의 요소; 실험적 환상; 제재에 대한 자유로운, 非動機的 선택,

「미완성교향악」은 공식문화의 것이고 김행숙의 「미완성교향악」은 비공식문화의 것이다.

다르게 말해 보자. '짓다 만 건물'은 무의식의 객관적 상관물을 형성하고 있을 뿐만 아니라, 카니발의 객관적 상관물을 형성하였다.47) 카니발에서는, 짓다 만 건물에서는, 접촉이 쉽게 이루어진다. "건들거"리는 건달과도 '쉽게' 좋아지내는 곳이다. 온 방향으로 소통할 수 있는 곳이다. 몸의 구멍을 다 열어놓고 소통할 수 있는 곳이다. 짓다 만 건물은 구멍으로 구성되어 있다("미친 듯이 창문이 열려 있는 건물이야"). '짓다 만 건물'은 또한 한데서 배설할 수 있는 곳이다. "포르르 새똥이 자주 떨어지지"라고 한 것은 한

즉 개연성이라는 코드에 집착하지 않은 선택; 형식의 혼합주의; '최후의 문제들'을 다루는 등 주제의 괴이함; '문턱 상황'의 서술; 비정상의 묘사; 심취; 정신병; 추문; 보편을 지향하는, 이상향적 노선." R. Lachmann, 앞의 책, 30-31면; 메니피아식 풍자에 있어서 패러디가 중요하다면 문학의 카니발화에 있어서도 패러디가 중요한 것이다. 다시 말하지만 메니피아식 풍자는 '카니발의 문학적 구체화'의 모범적 예이기 때문이다.

47) '짓다 만 건물'은 구멍 뚫린 집이라는 점에서 카니발의 중심 무대인 '광장'과 같다. 카니발의 중심 무대가 광장인 것은 카니발의 모든 사람들을 받아들이는 보편적 성격 때문이다. 광장은 누구나 다 참여하여 '친밀하게' 접촉할 수 있는 곳이다. Dostoevsky, 128면 참조.

데서 배설하고 싶은 욕구의 전치이다. '짓다 만 건물'은 또한 "싸"울 수 있는 곳이고 "불을 피"울 수 있는 곳이다. 싸움은 상궤를 따르고 규율을 준수하려는 구심력이 아닌, 상궤를 벗어나고 규율을 어기려는 원심력의 '구체화Konkretisation'이다. 불꽃 또한 타오르는 불꽃이므로 도망가려는 불꽃이다. 상궤로부터 규율로부터 도망가려는 불꽃, 원심력의 불꽃이다. '짓다 만 건물'은 또한 마음대로 "음식 냄새를 풍길" 수 있는 곳이다. 마음대로 식욕[욕망]을 표출시킬 수 있는 곳이다. '짓다 만 건물'은 카니발이다.

'비공식적 의식'의 구체화가 바로 몸이다. 몸은 무의식의 몸이고 크리스테바의 용어를 빌면 '천박한 몸'이기 때문이다.[48] 라블레의 작품에서 바흐찐이 찾아낸 것도 "모든 사물 및 가치들이 새롭게 그 주위에 모이는 중심, 우주의 모든 다양성을 품은 인간의 몸"[49]이었다.

르네상스 이전, 신분의 상하, 지식의 상하는 곧 몸의 상하였다. 고귀한 몸이 있었고 비천한 몸이 있었다. 라블레 이후, 혹은 바흐찐의 라블레 해석 이후,

48) 이승훈, 「크리스테바의 주체 개념」, 『탈근대주체이론. 과정으로서의 나』, 푸른사상, 2003, 273-281면 참조.

49) M. Bachtin, Rabelais und seine Welt. Volkskultur als Gegenkultur, 같은 곳, 410면.

몸은 몸 자체로 주목받기 시작했다. 이전까지는 몸은 정신에 붙어 있었다.[50)]

「미완성교향악」에서 "남자애들"의 "싸"움을 '몸의 싸움'으로 주목할 수 있다. 비공식적 의식의 구체화로서 몸의 前景化라고 할 수 있다. 다시 말하지만 '짓다만 건물'(혹은 "소풍")은 에고나 수퍼에고가 작동하지 않는 곳이다. 싸움은 또한 상하의 위계를 인정하지 않음으로써 성립된다.

'상하가 없는 몸'을 '전복'의 구체화라고 할 수 있다. 서열과 위계의 해체가 몸에 적용된 것으로서, 예를 들면 위와 아래, 하늘과 땅, 입과 항문들이 서로 바뀔 수 있는 것으로 간주된다.

똥이 입으로 들어오고
밥이 항문으로 소리없이 나간다
똥을 누면 천장에 가 붙고
바람은 물 밑에서 불 밑으로 분다
비가 온다 비는 땅속에서 하늘로

---

50) 바흐찐 이전 니체가 몸과 정신의 자리를 바꾸었다. 니체에게 "정신은 몸에 붙어 있는 어떤 것에 대한 명칭에 불과한 것"이었다. F. Nietzsche, Also sprach Zarathustra, Kritische Studienausgabe in 15 Bden., München 1980, Bd. 4, 39면.

퍼붓는다 신나게 치솟아오른다
솟아오르던 죽은 외조모의 머리칼도
내 목을 휘감는다[51]

통사 관계가 무시되었다. 우선, 똥과 밥이 뒤바뀌었다. 똥과 밥이 뒤바뀌어 똥이 입으로 들어오고 밥이 항문으로 나간다고 하였다. 비가 땅속에서 하늘로 퍼붓는다고 한 것도 뒤바뀜이다. 땅의 役과 하늘의 役의 뒤바뀜이다. 위와 아래도 뒤바뀌었다. 천장과 물이 뒤바뀌어 똥은 '아래로 간'[물 자리로 간] 천장에 가 붙고 바람은 '위로 간'[천장 자리로 간] 물 밑에서 분다고 하였다. 똥과 입의 결합이고 밥과 항문의 결합이므로 메잘리앙스, 혹은 그로테스크라고 할 수 있다.[52]

「미완성교향악」에서 '층계가 끊겼다'고 한 것은 니체와 '대화적'(바흐찐), 혹은 '상호텍스트적'(크리스테바) 관계에 있다. 층계가 끊겼다는 것은 층계 너머에

51) 김혜순, 「홍수」, 『아버지가 세운 허수아비』, 문학과지성사, 1985, 12-13면.

52) 카니발의 그로테스크한 특성에 대해서는 이상룡, 「'또 다른 세계'를 비추는 거울」, 이상룡 외, 『축제와 문화』, 연세대학교 출판부, 2003 참조. 이상룡은 여기에서 고골 문학 작품에 그로테스크 미학이 어떻게 구체화되었는지를 보여주고 있다. 79-84면 참조

아무 것도 없다고 한 것이다. 끊긴 층계와 1층이 전부라고 한 것이다. 혹은 '짓다 만 건물'이 전부라고 한 것이다. 미완성 건물이지'만' 전부라고 한 것이다. 현상 너머를 부정한 것으로, 현상과 본질, 차안과 피안을 나누는 형이상학적 이원론을 부정한 것으로 볼 수 있다.[53] 현상 너머를 부정한 자는, 현상이 전부라고 한 자는, 현상을 전면적으로 긍정한 자는, 니체였다. 그리고 현상을 긍정한다는 것은 대지를 긍정한다는 것, '죽을 수밖에 없는 운명'을 포함한 대지를 긍정한다는 것이었다. '기꺼이 몰락해주겠다'는 것이었다.[54] 김행숙은 "음악처럼" "없어져"주겠다고 하였다. '형이상학 부정' 및 '몰락예찬'이 니체와 상호텍스트적 관계에 있다.

몰락을 동경하므로 긍정하지 않을 것이 없다. 한데 배설하는 것을 긍정하고 싸움하는 것을 긍정하고 음식 냄새 피우는 것을 긍정하고…. 악덕예찬 또한 니체와 대화적, 혹은 상호텍스트적 관계에 있다. 차라투스트라는 악에서도 대범한 자였다. 살의, 광기, 지배욕,

---

53) M. Heidegger, Holzweg, Frankfurt/M. 1957, 199-200면.

54) 『차라투스트라는 이렇게 말했다』의 핵심을 '몰락에 대한 동경'이라고 할 수 있다. F. Nietzsche, 앞의 책, 16-18면 참조; A. Arnold, Die Literatur des Expressionismus, Stuttgart 1971, 63-64면 참조.

격정들을 칭송하였다.[55] 살의, 광기, 지배욕, 격정들을 칭송하는 것은 삶을 칭송하는 것이다. 그리고 신성을 모독하는 것이다. 악덕을 포함한 삶을 칭송하고 신성을 모독하는 니체 철학을 전복의 카니발리즘과 관계없다고 할 수 없다.

시 「미완성교향악」은 "미완성 교향악"(제목)으로 시작해서 "음악처럼"으로 끝나고 있다. '음악'으로 시작해서 '음악'으로 끝나고 있다. 의도적이다. 문을 열고 문을 닫은 것처럼 절제된 느낌을 준다. 형식이 그렇다는 말이다. 내용은 그렇지 않다. 내용은 형식을 위반하고 있다. 절제를 위반하고 있다. 내용은 '방종'의 내용이다.

4 나가며

바흐찐에 의해 '문학의 카니발화'가 명명되었다. 바흐찐에 의하면 르네상스 시대가 끝나가는 17세기 후반이 '카니발'과 '문학의 카니발화'의 경계였다. 그 이후 카니발은 "순수한 문학적 전통"으로만 남게 되었다.

---

55) F. Nietzsche, 위의 책, 1부 참조.

> 17세기 후반까지 사람들은 카니발 극과 카니발적 세계관에 직접 참여했다. 그들은 여전히 카니발 속에서 살았다. 즉 카니발은 생활 그 자체의 형식들 중의 하나였다. 카니발화는 직접적인 것으로서 경험되었다. […] 카니발화의 근원은 카니발 그 자체였다. […] 17세기 후반부터 카니발은 카니발화의 직접적 근원이 되기를 거의 완전히 중지하였다. 카니발화한 문학이 대신 영향을 끼치기 시작했다. 그래서 카니발화는 순수한 문학적 전통이 되었다.[56]

김행숙의 「미완성교향악」은 문학의 카니발화 혹은 문학적 카니발리즘의 모범적 예였다. 바흐찐이 문학에 적용하려고 했던 4가지 범주가 모두 나타났다.

「미완성교향악」의 분석으로 문학적 카니발리즘과 프로이트의 '무의식' 사이의 밀접한 상호관련성이 추인되었다. 카니발의 네 가지 범주들 중 '기이함'은 에고에 의해 억압된, 혹은 숨겨진, 무의식 속의 기이함들이었다. 초개인적인 카니발적 공간은 에고는 죽고 이드가 드러나는 곳이었다.

바흐찐은 '라블레 분석'에서 비공식문화를 前景化시킴으로써 공식문화와 비공식문화의 경계를 해체하였다. '자연'을 강조하였다는 점에서 루소와 니체를

56) Dostoevsky, 131면.

잇는 '전복'의 계보에 동참하고 있다. 바흐찐의 자연이 루소의 자연보다 니체의 자연에 더 가까운 것은 루소의 자연은 계급제도의 부정으로서 사회주의적 자연, 혹는 민주주의적 자연이었지만,[57] 니체의 자연은 사회주의적 자연, 민주주의적 자연까지 부정한 자연상태의 자연이었기 때문이다.[58] 니체의 자연에 더 가까운 것은 니체에 의해 몸에 대한 전면적인 긍정이 이루어졌고 바흐찐은 이를 배경으로 몸의 구체적 세목들을 前景化시켰기 때문이다.

셰익스피어는 "허가된 광대짓은 모욕이 안 된다"라고 하였다. 카니발, 혹은 웃음 문화 역시 "효과 없는" 전복이라고 할 수 있다.[59] 바흐찐도 카니발의 단골

---

57) 카니발리즘은 수직적 서열 대신에 수평적 접촉을 이끈다. 카니발리즘의 4가지 범주 중 첫째 범주였던 '친밀함'이 다름 아닌 수평적 접촉에 대한 것이었다.

58) 니체는 권력을 평민에게 넘겨주었다고 민주주의를 비판하였으며, 인간의 욕망을 무시하였다고 사회주의를 비판하였다. A. Arnold, 앞의 책, 63면 참조.

59) 테리 이글턴, 「벤야민과 축제」, 윤혜준 옮김, 『바흐찐과 문화이론』, 여홍상 엮음, 문학과지성사, 2000, 171면 참조; 카니발을 효과 없는 전복이라고 하는 것은 카니발의 정치적 혁명적 힘을 부인하는 것이다. 이글턴을 비롯해 카니발을 정치적 견지에서 해석하려는 많은 비평가들은 카니발적 감정 표현이 '체제 유지'에 도움을 주는 것으로 파악하고 있다. 이것은 비극의 관객들이 비극이 부여하는

메뉴 중의 하나인 왕의 대관crowning과 박탈decrowning의 예를 들며 "카니발은 교체 자체, 교체 과정 자체를 축하해주는 것이지, 교체되어 들어간 자를 축하해주는 것은 아니다. 카니발은 말하자면 기능적인 것이지 실체적인 것은 아니다"[60]라고 하였다. 문제는 바흐찐이 일관되게 강조하는 "유쾌한 상대성"의 효과이다.[61] 유쾌한 상대성의 "문화적 저항", 혹은 "상징적 전복"이다.[62] 카니발, 카니발화한 문학에서는 절대적 이항대립적 경계는 더 이상 존재하지 않는다. 카니발, 혹은 카니발화한 문학은 '상대성의 사유'의 정립에

카타르시스를 통해 지배 체제에 동참하는 것과 같다. 필자는 이러한 견해를 '제한적으로' 받아들인다. 제한적으로 받아들인다고 한 것은 카니발과 카니발화한 문학을 구분하려고 하기 때문이다. '카니발화한 문학'의, 즉 카니발적 상상력의, 전복적 힘을 부인하지 않기 때문이다. 각주 71) 참조.

60) Dostoevsky, 125면.

61) '유쾌한 상대성'은 『Dostoevsky』에서 지속적으로 언급되고 있다. 특히 124～125면 참조; 김욱동은 카니발적 세계관의 공통 원리로 바흐찐이 『라블레와 그의 세계』에서 언급한 "유쾌한 상대성"을 들었다. 김욱동, 『대화적 상상력: 바흐찐의 문학이론』, 문학과지성사, 1999, 242면.

62) 피터 스탤리브래스/앨런 화이트, 「바흐찐과 문화사회사 — 위반의 정치학」, 원용진 옮김, 『바흐찐과 문화이론』, 같은 곳, 133～137면 참조.

기여하였다.[63] 이점에서 후기구조주의와 카니발리즘은 서로 만나는 접점이 있다. 후기구조주의의 핵심이 '주체 부정'이라면 카니발리즘의 핵심은 주체/객체의 경계 부정이기 때문이다.[64]

63) 카니발한 문학의 전복성은 상대성의 사유에 있다. 그리고 상대성의 사유에 의한 '비공식문화의 등장'에 있다.

64) 카니발리즘과 후기구조주의의 근친성 이전에 물론 카니발리즘과 근대성의 근친성이 강조되어야 한다. 카니발리즘의 주요 범주의 중의 하나가 패러디이고, 패러디의 목적이 풍자적 비판이기 때문이다.

10

'파편적 글쓰기'에 대한 몇 가지 파편

1

페터 뷔르거는 그의 『이상주의미학 비판』에서 모순이 증가되는 사회에 살고 있다는 경험이 파편Bruch을 미학의 중심 범주에 두게 하였다고 하였다. 모순이 증가되는 사회는 시간은 미분화되고 공간은 적분화되는 사회이다. (대)도시 자본주의 사회라고 할 수 있다. 뷔르거의 말을 뒤집으면 모순이 증가하지 않았던 사회에서는, 마을 사회에서는, 파편이 아닌, 화해 조화가 미학의 중심 범주에 있었던 것이 된다. 헤겔이 살았던 시절이 모순이 증가하지 않았던 사회였다. 헤겔에게 프로이센 사회는 모순이 화해될 가능성이 있는 사회였다. 헤겔은 그 시대의 현실적 모순을 사변적으로[관념적으로] 화해시키려고 하였다. 헤겔 미학의 주요 범주가 화해, 조화 그리고 "작업의 덮어 가림"이었다. '작업의 덮어 가림'이란 객체와 주체를 하나로 용해시키는 일이었다. (예술작품이) 만들어졌다는 것을 눈치채지 못하게 하는 것으로서 루카치의 말을 빌면 "예술적으로 덮어 가리는 일", 뷔르거의 말을 빌면 "자연의 가상", 혹은 "유기체적 예술작품"을 만들어내는 일이었다. "아름다운 예술은 예술로서 의식하고 있을지라도 자연으로서 간주될 수 있어야만 한다." 칸트의 말이다.

모순이 증가되는 사회, 모순이 많은 사회는 파편이 많은 사회이다. 파편이 많은 사회이므로 파편적으로밖에 인식할 수 없는 사회이다. 파편적으로밖에 글 쓸 수 없는 사회이다. 파편적으로 인식한다는 것은 그리고 不正을 不正으로 인식하는 것과 같다. 파편적으로 글을 쓴다는 것은 不正에 대해 不正의 형식으로 항의[폭로]하는 것과 같고. 다음은 아도르노의 말이다.

> 세계의 암흑화가 예술의 비합리성을 합리적으로 만든다. […] 예술은 동일화를 통해 재앙을 보임으로써 그 재앙의 무력화를 기대한다.

불합리한 세계를 "불합리"의 "예술"로 대응한다는 것이다. "동일화"로 대응한다는 것이다. 추한 세계는 '추의 미학'으로 항의한다는 것이다. 다른 말로 하면 현실을 호도하지 않는 것이다. "광고와 문화산업"은 세상을 화해와 조화로 이상화한다는 점에서 현실을 호도하는 것이다.

> ㅋ ㄱ ㅅ ㅏ ㄴ ㅡ ㄴ
> 눈썹이없는아이가눈썹이없는아이를울린다.
> 역사를
> 심판해야 한다 ㅣ ㄴ ㄱ ㅏ ㄴ ㅣ
>
> — 김춘수, 〈처용단장〉 제3부에서

"ㅋ ㄱ ㅅ ㅏ ㄴ ㅡ ㄴ"는 해체된 세상, 파편화된 세상에 대한 알레고리이다. 해체 파편에 대해 해체 파편에 의한 저항이다. "눈썹이없는아이가눈썹이없는아이를울"리듯이. 다시 아도르노를 빌면 '미메시스적 충동'은 저항의 미메시스적 충동이다. 미메시스적 충동에는 저항의 계기가 들어가 있다.

2

파편적 글쓰기는 낭만주의 시대의 프리드리히 쉴레겔까지 거슬러 올라간다. 쉴레겔 역시 아도르노와 마찬가지로 파편적 글쓰기를 옹호하였다. 벤야민처럼 파편적 글쓰기를 실행하였다. 不正을 不正으로 표현하였다. "병적인 관계에서 성장한 것은 당연히 병적인 방식 이외에 다르게 표현될 수 없음은 자명한 일"[1]이다. 쉴레겔의 말이다. 그의 단장(斷章) 형식의 글들, 낭만적 아이러니, 아라베스크 등이 파편적 글쓰기와 관련 있다. 단장들, 낭만적 아이러니, 아라베스크 등 역시 현실을 재현할 수 없다는 인식에서 출발하는 것이기 때문이다. 그러나 현대의 파편적 글쓰기와 중요한 차이점이 또한 존재하는데 낭만적 글쓰기는 전체를 염두에 둔 글쓰기였기 때문이다. 단장들이 모여서 전체를 구성할 수 있고, 낭만적 아이러니의 무한한 파괴를 통해 전체의 또 다른 이름인 무한성에 접근할 수 있고, "이야기와 노래와 다른 형식들"을 혼합시키는 아라베스크 형식 또한 전체와 무관하다고 볼 수 없기 때문이다. 「아테네움 단장 116」에 나오는 "점진적 우주문학"도 닫혀 있는 문학이 아닌 열려 있

1) 프리드리히 폰 쉴레겔, 「소설에 대한 편지」, 최문규 옮김, 『세계의문학』, 2002. 겨울, 156면.

는 문학으로서 전체와 관계 있다. '우주 문학'은 예를 들어 "문학을 철학과 수사학에 연결시키는 일이다." "시와 산문, 천재성과 비평, 예술문학과 자연문학을 섞는 일이다." '혼합형식'의 문학이다. 낭만주의는 모더니즘의 낭만주의이다.

파편적 글쓰기는 또한 데리다의 차연 개념과도 관계 있다. '주체에 대한 회의'와도 관계 있다. 데리다에 의하면 문자는 공간적 차이와 시간적 연기로 계속 다르게 읽혀진다. 문자는 흔적으로서의 문자이다. 텍스트도 마찬가지다. 텍스트도 공간적 차이와 시간적 연기로 계속 다르게 읽혀진다. 역시 흔적으로서의 텍스트이다. 중요한 것은 텍스트들간의 상호텍스트성이다. 텍스트는 상호텍스트적 관계에 의해 계속 다르게 읽혀진다. 차연으로서의 텍스트, 흔적으로서의 텍스트는 미완의 텍스트이므로 '파편(혹은 단편)'으로서의 텍스트이다. 움직이는 파편으로서의 텍스트이다. 차연으로서의 텍스트, 혹은 흔적으로서의 텍스트는 또한 저자를 부인하는 텍스트이다. 주체를 부인하는 텍스트이다.

3

행과 행이, 혹은 하나의 행 안에서도 전반부와 후반부가, 상호 긴밀한 내적 긴장관계에 있지 않으면 병렬양식의 시이다.

1 목요일은 한잠도 못 잤다.
금요일은 하루종일 잤다
토요일은 일요일은 사라졌다

서른 살 땐 애 업고 전철역에 서 있었다
15만원 짜리 카메라를 사서 할부금을 붓고 있었다
스무 살 땐 레드옥스란 술집에서 울었다
연탄가스 맡고 실려갔다

— 최정례, 「비행기 떴다 비행기 사라졌다」 부분

2 아이가 플라스틱 악기를 부— 부— 불고 있다
아주머니 보따리 속에 들어 있는 파가 보따리 속에서
쑥쑥 자라고 있다
할아버지가 버스를 타려고 뛰어오신다
무슨 일인지 처녀 둘이
장미를 두 송이 세 송이 들고 움직인다

— 정현종, 「사랑할 시간이 많지 않다」 부분

행과 행이 상호 긴밀한 내적 긴장관계에 있지 않다. 하나의 행 내부에서도, 이를테면 1의 시에서 다섯째 행의 "토요일"와 "일요일"도, 상호 긴밀한 내적 긴장 관계에 있는 것 같지 않다. 병렬양식의 시는 다른 말로 하면 '동시성의 시'이다. 행과 행이 상호 긴밀한 내적 긴장 관계에 있지 않으므로 어느 행을 어느 자리에 두어도 상관없기 때문이다. 2의 시도 병렬양식의 시이고 동시성의 시이다. "아이", "아주머니" "할아버지". "처녀 둘"이 등장하는데 이들 사이에 인과 관계가 성립한다고 볼 수 없기 때문이다. 동시적으로 제시된 것이기 때문이다. 상호 긴밀한 내적 긴장관계에 있지 않으므로 병렬양식의 시, 동시성의 시를 또한 그로테스크의 시라고 할 수 있다. 그로테스크는 이질적인 것의 병존에 대한 명명이기 때문이다. 벌레로 변한 그레고르 잠자가 아버지와 어머니, 누이동생과 병존하는 것이 그로테스크하다. 1의 시에서는 "애", "카메라", "레드옥스", "연탄가스"의 병존이 그로테스크하다. 그로테스크의 시는 또한 '희극성'의 시이다.

병렬양식의 시는 또한 몽타주의 시라고 할 수 있다. 몽타주는 모더니즘의 주요 기법이다. 모더니즘의 주요 기법이라고 한 것은 이것저것을 합성해 전체의 윤곽을 잡으려는 것이기 때문이다. 전체와 관계 있기 때문이다. 전체에 다다를 수 없다는 것을 알면서도 전체에 다다르고 싶어하는 것이 모더니즘이기 때문이다. 이점에서 병렬양식 또한 모더니즘과 관계 있다. 1의 시에서는 "목요일", "금요일", "토요일"이 합해져서, 혹은 "서른 살"과 "스무살"이 합해져서 전체의 윤곽에 다다르려고 하고 있다.

4

병렬양식, 동시적 기술, 그로테스크, 몽타주들은 후기모더니즘(혹은 '역사적 아방가르드')의 파편적 글쓰기[2])와 또한 관련 있다. 후기모더니즘의 파편적 글쓰

2) 자연주의문학에서 파편적 글쓰기가 본격적으로 시도되었다. 자연주의문학의 순간문체나 시간확대경 기술이 파편적 글쓰기와 관계 있다. 루카치는 "참된 것은 전체다"라는 헤겔의 말을 원용하면서 변동하는 전체로서의 현실을 보여주지 못하고 부분진리만을 보여주는 자연주의는 진리의 왜곡에 기여한다고 하였다. 후기자본주의의 퇴폐적 예술의 한 부류라고 하였다. 브레히트 역시 현실의 표면만을 기술할 뿐 "사건들 뒤의 사건"을 보여주지 못한다고 자연주의를 비난하였다. 파편적 글쓰기는 자연주의 이후 "역사적 아방가르드"(뷔르거)에서 시도되었다. 뷔르거에 의하면 다다이즘, 초현실주의 역시 파편적 글쓰기였다. 자연주의와 역사적 아방가르드는 둘다 파편적 글쓰기라는

기와 모더니즘의 병렬양식, 동시적 기술, 그로테스크, 몽타주들이 다른 것은 후기모더니즘의 파편적 글쓰기는 전체를 더 이상 염두에 두지 않는다는 점이다. 파편적 글쓰기를 의도적으로 강조한다는 점이다. 파편적 글쓰기를 의도적으로 강조한다는 점에서 메타문학이다. 후기모더니즘 문학은 많은 경우 메타문학이다. 글쓰기 자체를 성찰한다.

> 나는 발로 시를 쓴다 오후에 깨어난다 잠든다 아무래도 전체는 일그러진다 일그러진 전체만이 싱싱하다 그렇게 最上의 질서와 간음한다
>
> — 이승훈, 「敵」 부분

"발로" "쓴" "시"의 '모습'을 보여주고 있으므로 메타시이다. 발로 쓴 시는 "일그러진" 시일 수밖에 없다. 시인은 "일그러진 전체"라고 하였다. 일그러진 전체가 "싱싱하다"고 함으로써, "최상의 질서"라고 함으

점에서 공통점을 갖는다. 그러나 자연주의의 파편적 글쓰기는 '순간문체'의 부수적 결과이고, 역사적 아방가르드의 파편적 글쓰기는 '의도적' 파편적 글쓰기이라는 점에서 중요한 차이점 또한 존재한다.

로써, 일그러진 전체를 예찬하고 있다. 일그러진 시를 예찬하고 있다. 일그러진 시는 조화 화해의 시가 아니다. 파편적 시라고 할 수 있다. 「敵」은 파편적 글쓰기를 옹호하는 메타시이다.

후기모더니즘의 글쓰기와 모더니즘의 글쓰기 사이에는 인식론상의 큰 차이가 없다고 할 수 있다. 전체를 그리워하는 것과 전체를 그리워하지 않는 것의 차이일 뿐이다. 둘 다 전체에 도달할 수 없다는 인식을 전제로 하고 있다. 아도르노는 "화해의 포기"의 구체화인 파편 및 단장들은 두 가지 계기들을 다 포함하고 있다고 하였다. 두 가지 계기는 전체를 그리워하는 것과 전체를 그리워하지 않는 것이다. "완성된 작품을 소망해야겠지만 완성된 작품이 될 수는 없다." 아도르노의 말이다. 앞 구절에서 '화해'를 강조하였고 뒷 구절에서 '포기'를 강조하였다. 그러나 아도르노는 '완성된 작품'이 불가능하다는 인식을, 나아가 '완성된 작품'이 만들어져서는 안 된다는 인식을, 분명히 갖고 있다는 점에서 모더니즘을 넘어선다. 아도르노의 예술 형상화의 원칙은 "종합명제의 부정"이다. 아도르노 미학은 '단편'의 미학으로서 否定의 미학이다. 否定性Negativität이 아도르노 미학의 중심 개념이다.

5

파편적 글쓰기의 原因을 앞에서 '증가되고 있는 모순' 때문이라고 하였다. 증가되고 있는 모순을 조화와 화해로 감싸서는 안 되기 때문이다. 호도해서는 안되기 때문이다. 또 하나의 原因은 현실을 더 이상 통일적으로 완결적으로 폐쇄적으로 파악할 수 없기 때문이다. 개관할 수 없기 때문이다. 현실의 규모가 커졌기 때문이다. 파편적으로밖에 인식할 수 없기 때문이다.

통일적 완결적 폐쇄적으로 존재하는 세계를 벤야민은 보들레르의 시 「교감」에서 보고 있다.

> 인간이 저기 상징의 숲속을 지나면
> 상징의 숲은 친밀한 시선으로 그를 바라본다
>
> —「교감」 부분

"상징의 숲"은 '완전한 세계'에 대한 알레고리이다(알레고리라고 한 것은 이미 지나간 세계에 대한 명명이기 때문이다). 완전한 세계는 하나의 대상과 하나의 대상이 서로 포섭되어 있는 세계이다. 하나의 대상과 하나의 대상이 서로에게 대상적으로 존재하는 것이 아니라. "인간"도 상징의 숲에게 포섭되어 있다

("상징의 숲"이 "친밀한 시선으로 그를 바라본다"고 했기 때문이다). 인간도 상징의 숲의 일원이다.

파편적 글쓰기의 近因은 벤야민을 빌면 현대가 총체적 "경험"의 세계가 아닌, 파편적 "체험"의 세계가 되었기 때문이다. 경험Erfahrung은 마을 시대의 것이고 체험Erlebnis은 도시 시대의 것이다. 긴 시간의 성찰을 수반하는, 따라서 "무의지적 회상"을 가능하게 하는 (지속적) 경험은 마을 시대의 것이고, "의지적" 노력에 의해서만 회상이 가능한 (순간적) 체험은 도시 시대의 것이다. 도시에서의 체험은 동시적으로 병렬적으로 이루어진다. 동시적으로 병렬적으로 이루어지는 知覺이 파편적 글쓰기를 낳았다.

다시 벤야민에 의하면 경험은 "서술"(혹은 "이야기")을 가능하게 하고, 체험은 서술을 불가능하게 한다. 릴케의 산문시 『말테의 수기』는 단편 및 병렬 구조로 짜여져 있다. 대도시 파리의 풍경을 파편적으로 담은 파편적 글쓰기의 모범적 예이다. 『말테의 수기』가 단순한 파편적·체험적 글쓰기가 아닌 것은 말테가 보들레르처럼 "거리의 산보자"로서의 役을 하고 있기 때문이다. 거리의 산보자란 군중의 물결에 휩쓸리다가도 군중으로부터 거리를 갖는 '이중적 인간homo duplex'을 말한다. 군중으로부터 거리를 취한다는 것은 군중을 성찰한다는 것이다. 혹은 군중을 '경험'한다는 것이다. 벤야민이 보들레르의 시들을 가리켜 체험을 하나의 전달 가능한 경험으로 전환해보려는 시도, 즉 "체험으로부터의 해방의 추구"라고 했을 때 이것은 말테의 수기에도 해당되는 것이다.

도시에서는 릴케의 말을 빌면 "자기 자신의 고유한 삶"도 살지 못하고 "자기 자신의 고유한 죽음"도 죽지 못한다. 살지 못한다고 한 것과 죽지 못한다고 한 것은 경험하지 못한다는 것이다. 자기 자신의 삶, 자기 자신의 죽음을 경험하지 못한다는 것이다. "대량생산적으로" 태어나 대량생산적으로 살다가 대량생산적으로 죽는 것이 도시에서의 삶이고 죽음이다. 예를 들어 병원에서의 죽음, 장례식장에서의 죽음이 대량생산적인 죽음이다. 자기 자신의 고유한 죽음이 아니다. 문상객들도 죽음에 대해 성찰하는 것이 아니라, 경험하는 것이 아니라, 체험할 뿐이다. 많은 대량생산적인 죽음 중 하나를 체험할 뿐이다.

벤야민은 현대의 파편적 현실에서 파멸의 알레고리를 읽고 있다. 예를 들어 쇼윈도우에 전시된 작품들을 폐허의 징후로 읽는다. 유행도 파멸의 알레고리이다. 새로운 것이 나오자마자 낡은 것이 되므로 파멸의 알레고리이다. 벤야민의 글쓰기 자체 또한 파편적 글쓰기였다.

6

파편적 글쓰기는 또한 환유적 글쓰기와 관련 있다. 환유적 글쓰기 또한 상호 긴밀한 내적 긴장관계를 형성하지 않기 때문이다.

네가 오기 전
내 인생은 쓰레기
내 인생은 과거
내 인생은 얼음

— 이승훈, 「네가 오기 전」 부분

"내 인생은 쓰레기" "내 인생은 과거" "내 인생은 얼음"이 환유의 연쇄이다. 비슷한 이미지의 나열이다. 연상의 나열이다. 쓰레기에서 과거가 연상되었고, 과거에서 얼음이 연상되었다. 상호 긴밀한 내적 긴장관계가 완전히 포기된 것은 아니다. '무거움'이라는 기의가 공통적이다. 쓰레기도 무겁고 과거도 무겁고 얼음도 무겁다. 환유적 글쓰기는 그러나 기의에서 벗어나려는 글쓰기이다. 비슷한 이미지의 나열[서술]은 "해 아래 새로운 것은 없다"는 인식을 전제하기 때문이다. 새로운 것이 없으므로 새로운 것을 찾지 않기 때문이다. 환유적 글쓰기는 후기모더니즘의 대표적 글쓰기 양식이다. 비슷한 기의가 나열되었다고 해서 기의가 더 뚜렷해지는 것은 아니다. 기의가 점점 무거워지는 것은 아니다. 오히려 비슷한 기의가 나열됨으로써 언어는 기의에서 점점 멀어지게 된다. 기의에서 점점 벗어나게 된다. 같은 것을 자꾸 먹으면 食傷하게 되는 것과 같다. 기표만 보게 된다. 기표만의 나열이므로 파편적 글쓰기이다. 상호 긴밀한 내적 의미관계가 조성되지 않기 때문이다.

환유의 연쇄는 바르뜨식으로 말하면 고정된 이미지로의 정박을 계속 늦추는 것이다. 데리다식으로 말하면 의미를 계속 지연시키는 것이다.

이승훈의 많은 시들은 환유적 글쓰기의 모범적인 예이다. 이것은 이미 초기의 시들에서도 나타났었다.

> 가늘고 햇빛 속에 뛰는 물체여 너의 내부에서 쏟아져 나오는 의자들 하얀 소리 또는 퍼렇게 타버리는 발톱 열개 가을의 마지막 一日의 사랑
>
> — 「희망」 부분

"가늘고 햇빛 속에 뛰는 물체여", "너의 내부에서

쏟아져 나오는 의자들", "하얀 소리", "퍼렇게 타버리는 발톱 열 개", "가을의 마지막 一日의 사랑"들이 환유의 관계에 있다. 그런데 이 시에서 주목되는 것은 위의 「네가 오기 전」과 달리 각각의 환유의 형상들에서 애초부터 통일된 이미지들을 찾을 수 없다는 점이다. 각각의 환유의 형상들이 이미 파편적으로 존재하고 있다는 점이다. 환유의 형상들이 파편적으로 존재한다는 것은 기표로서 존재한다는 것이다. 기의가 너무 많으면 없는 것과 마찬가지이기 때문이다.

7

'무의미시' 또한 파편적 글쓰기라고 할 수 있다. 김춘수는 다음과 같이 말하고 있기 때문이다.

> 한 행이나 혹은 두 개나 세 개의 행이 어울려 하나의 이미지를 만들어 가려는 기세를 보이게 되면, 나는 그것을 사정없이 처단하고, 전혀 다른 활로를 제시한다. 이미지가 되어가려는 과정에서 하나는 또 하나의 과정에서 처단되지만, 그것 또한 제3의 그것에 의하여 처단된다
>
> —「意味에서 無意味까지」

그리고 다음과 같은 시를 썼기 때문이다.

살려다오.
북 치는 어린 곰을 살려다오.
북을 살려다오.
오늘 하루만이라도 살려다오
눈이 멎을 때까지라도 살려다오.
눈이 멎은 뒤에 죽여다오.
북 치는 어린 곰을 살려다오.
북을 살려다오.

— 〈처용단장〉 제2부에서

"북 치는 어린 곰을 살려다오"라고 했다가 "북을 살려다오"라고 하고 있다. 둘째 행의 이미지가 첫째 행의 이미지를 처단하고 있다. 셋째 행과 넷째 행의 관계도 마찬가지이다. 넷째 행의 이미지가 셋째 행의 이미지를 처단하고 있다. 이미지의 정박을 계속 지연시키고 있다는 점에서 무의미시이다. 리듬만 남은 무의미시이다. 행과 행을 별개로 만든다는 점에서, 행과 행이 상호 긴밀한 내적 의미 관계에 있지 않다는 점에서 병렬 양식의 시이다. 파편적 글쓰기이다.[3] 사실 파편적 글쓰기의 원조는 이상(李箱)일 것이다. 이상의 여러 시들이 파편적 글쓰기의 모범적 예이다.

13인의아해가도로로질주하오
(길은막다른골목이적당하오.)
[…]
(길은뚫린골목이라도적당하오.)
13인의아해가도로로질주하지아니하여도좋소.

—「烏瞰圖」詩 第1號

김춘수의 무의미시들과 하등 다를 바가 없다. 앞의 두 행을 끝의 두 행이 처단하고 있다. 역시 이미지가 정박하지 못하게 하고 있다. 시행들이 상호 긴밀한 내적 의미 관계에 있지 않다. 병렬 관계에 있다고 할 수 있다. 파편적 관계에 있다고 할 수 있다.

8

벤야민에 의하면 바로크 비극은 바로크 시대의 알

---

3) 김춘수의 무의미시는 무의미에 의해 통일되어 있으므로 모더니즘과 관계시킬 수도 있다. 이에 대해서는 졸고「모더니즘의 한 계보」,『리토피아』, 2003. 가을, 225-226면 참조.

레고리이다. 바로크 비극은 파편들을 통해 "이념"["진리 내용"]을 보여주고 있다. '이념 혹은 진리 내용'은 원래 보이지 않던 것이다. 파편들의 배열을 통해 갑자기 나타난 것이다.[4] '없는 것'이 '있는 것'이 된 것이다. 새로운 기의의 형성이므로 알레고리이다. 알레고리는 기표와 기의의 자의적 관계를 전제로 한다. 알레고리는 역사적 알레고리이다.

중요한 것은 "이념"["진리 내용"]의 형성은 비평가의 주관성 및 작품의 역사성과 무관하게 이루어진다는 점이다. 벤야민이 진리 내용은 "의도의 죽음"이고 "예술작품의 무효선언"이라고 한 것도 이런 맥락에서이다. '의도의 죽음은' 비평가의 주관적 의도의 죽음이고 '예술작품의 무효선언'은 작품의 역사성에 대한 否認 선언이다.

---

4) 이념을 벤야민은 성좌에 비유해서 설명하고 있다. "이념이 사물들에 대한 관계는 성좌가 별들에 대해 갖는 관계와 같다." 사물들은 의미 없는 사물들이고 이념은 의미 있는 이념이다. 별들은 의미 없는 별들이고 성좌는 의미 있는 성좌이다. 별들의 특정한 배열, 혹은 형세Konstellation가 성좌를 형성하는 것처럼 사물들의 특정한 배열, 혹은 형세가 이념을 형성하는 것이다. 특정한 배열, 혹은 형세는 파편들의 특정한 배열, 혹은 형세라고 할 수 있다. 파편들의 특정한 배열, 혹은 형세가 이념을 드러낸다. 진리 내용을 드러낸다.

그러나 形成된 '이념 혹은 진리 내용'이 바로크 시대의 멜랑콜리에서 벗어날 수는 없었다. 바로크 시대의 멜랑콜리는 붕괴 의식 소멸 의식이 야기한 멜랑콜리였다. 붕괴와 소멸의 멜랑콜리라고 할 수 있다. 바로크 비극의 알레고리는 멜랑콜리의 알레고리였다.

그러나(두 번째 '그러나'이다) 붕괴와 소멸의 멜랑콜리가 바로크 시대의 것일 수만은 없다. 붕괴와 소멸은 인류의 붕괴와 소멸 · 자연의 붕괴와 소멸이기 때문이다. 붕괴와 소멸은 인류의 역사이면서 자연의 역사이기 때문이다. 바로크 시대의 멜랑콜리, 아니 바로크 비극 작가의 멜랑콜리는 이제 초역사적 멜랑콜리가 된다. 규범적 멜랑콜리가 된다. '알레고리는 멜랑콜리이다'라는 명제가 성립한다. "벤야민은 알레고리적 관찰자의 행동을 멜랑콜리의 표현으로서 해석한다." 뷔르거의 말이다.

다르게 말해보자. 파편은 붕괴와 소멸의 파편이다. 멜랑콜리의 파편이다. 그런데 그 파편의 웅덩이에는 하늘이 비친다. 하늘은 하늘 아래의 것을 포함하는 하늘이다. 인류사의 하늘, 자연사의 하늘이다. 붕괴와 소멸의 하늘이다.

시를 한 편 예로 들어보자.

빳빳이 고개를 들고 가는 여자는 누굴 만나러 가는 여자. 나를 앞서 줄행랑치듯 가는 하얀 옷의 저 여자도 누굴 만나러 가는 여자. 그 여자와 나는 점점 멀어진다. 대방역에 도착했을 때 그녀는 사라지고 없다. 기차를 탔을까, 아니면 구내에 있는 자-뎅으로 들어갔을까. 커피를 주문했을까.

나에게 대방역 가는 길을 물어보던 노파도 보이지 않는다. 이제 다리를 건너고 있을까. 택시를 타면 금방인데, 택시 값을 절약하려고 했을 거다. 셔틀버스를 탈 수도 있었는데, 병실면회를 너무 오래 했을 거다. 6인용 병실이었을까, 7인용 병실이었을까.

나는 어느 병원에 있게 될까. 어머니는 늘 지나다니시던 道立病院에서 사망선고를 받으셨는데, 나는 어디서 받게 될까. 집 옆에 있는 南天病院일까. 어느 장례식장에서 사람들을 오게 할까. 내가 아는 장례식장? 사람들은 무슨 얘기를 할까. 대부분 亡者와 상관없는 얘기를 하던데.

고개를 수그리고 가는 여자는 누굴 만나러 가지 않는 여자. 혹 나를 아는 여자였을까, 나를 피해서 가는 여자? 그러고 보니 오늘은 다 여자다. 聖母病院에 온 것도 여자 때문. 동료 어머니가 돌아가셨다.

— 박찬일, 「汝矣島聖母病院」 전문

4개의 문단으로 구성되어 있다. 시적 주체는 '거리의 산보자'로 보인다. 산보자는 관찰자이다. 첫째 문단에서 "빳빳이 고개를 들고 가는 여자"와 "나를 앞서 줄행랑치듯 가는 […] 여자"들을 "누굴 만나러 가는 여자"라고 하였다. 넷째 문단에서 "고개를 수그리고 가는 여자는 누굴 만나러 가지 않는 여자"라고 하였다. 둘째 문단의 "대방역 가는 길을 물어"본 "노파"에 대한 추론도 그럴 듯해 보인다. "병실 면회"를 갔다가 "너무 오래" 있는 바람에 대방역까지 운행하는 "셔틀버스"를 놓쳤다고 한 것이다. 셋째 문단은 둘째 문단의 '聯想' 지대에 있다. 병실이(혹은 병원이) "병원"을 연상하였다. 이 시를 파편적 글쓰기의 '구체화'라고 할 수 있다. '여자들'에 대한 이야기이지만 서로 모르는 여자들이다. 서로 모르는 여자들에 대한 시이다.

이 세상에서[혹은 서울에서] "汝矣島聖母病院"과 그 주변을 떼어냈다는 점에서 파편이고, 각각의 이야기가 서로 모르는 여자들에 대한 이야기라는 점에서 파편이다. 문단과 문단이 상호 긴밀한 내적 긴장관계에 있지 않다. 유기적 상관 관계에 있지 않다. 그러나 '눈에 띄는' 토픽은 있다. 셋째 문단과 넷째 문단에서 나타나는 것으로 다름 아닌 소멸과 붕괴이다. "어머니"의 소멸과 붕괴이고, "동료 어머니"의 소멸과 붕괴이고, 장차 있을 '시적 주체'의 소멸과 붕괴이다. 파편들이 각각 소멸과 붕괴의 알레고리였다고 할 수 있다.

소멸과 붕괴는 그러나 '파편들'(셋째 문단과 넷째 문단)에 해당하는 소멸과 붕괴이기도 하지만 인류 전체에 해당하는 소멸과 붕괴이기도 하다. 소멸과 붕괴는 人類史 自然史의 소멸과 붕괴이다. 파편의 특수성이 인류와 자연이라는 보편성에 접목되었다고 할 수 있다.

11

구체시 小考[1])

1

문학의 3대 장르라고 할 수 있는 시 소설 드라마들은 각각 음악 회화 건축과 밀접한 관련이 있다. 시의 리듬과 운율은 음악의 요소에 다름 아니며, 소설의 묘사와 서술은 회화의 기본 요소에 다름 아니다. 묘사가 강조되면 사실주의 회화에 근접하고, 서술이 강조되면[작가의 주관성이 강조되면] 추상주의 회화에 근접한다. 전통적인 아리스토텔레스 드라마는 발단 전개 정점 전환 대단원이라는 피라미드 구조를 갖고 있다. 건축적 구조를 갖고 있다.

요즘 매체학이라는 것이 각광을 받고 있다. 인문학

1) 본고는 필자의 「문학 매체와 '다른 매체들'」 중에서 구체시 부문을 떼어내 수정 보완한 것이다. 졸저, 『해석은 발명이다』, 푸른사상, 2003, 37-44면 참조.

분야에서 인기학과이다. 문학, 미술, 영화, 사진, 건축, 음악들을 모두 매체Medien로서 간주하며 이들을 '상호 영향'이라는 관점에서 포괄적으로 접근하는 것이다. 예를 들면, 영화는 사진에 시간성의 개념을 더한 것이다. 구체시는 시각 예술, 특히 회화와 밀접한 관련이 있고, 클레P. Klee와 칸딘스키W. Kandinsky의 그림들은 음악과 밀접한 관련이 있다. 몽드리앙P. Mondrian의 '사각형들의 배열'로 이루어진 그림들은 현대 건축과 밀접한 관련이 있다. 현대 건축이 합리주의, 효율주의의 소산인 직육면체의 건축이다. 곡선이 아닌 직선의 건축이다.

그라스G. Grass의 소설 『양철북』은 개구리 관점과 새 관점이라는 말을 널리 회자되게 하였다. 영화에서도 개구리 관점과 새 관점이라는 말이 쓰이게 하였다. 영화에서의 개구리 관점과 새 관점은 다시 문학평론 분야에서 확대재생산되었다. 이를테면 다음과 같은 진술이 그것.

> 새 관점은 높은 곳에서 세상을 내려다보는 관점이다. 넓게 두루 볼 수 있는 것이 장점이다. 그러나 내려다본다는 점에서 체험의(혹은 세상과의) 동질성이 문제된다. 진정성Authentizität의 문제가 제기된다. 새의 관점으로 세

상을 보는 자는 과연 역사를 겪는 자인가. 삶에 부대끼는 자라고 할 수 있는가. 우리와 동시대인이라고 할 수 있는가. 개구리 관점은 이와 달리 아래에서 아래를 보는 관점이다. 세상 속에서 세상을 보는 관점이다. 세상 곁에서 세상을 직접 체험한다는 점에서 역사를 겪는 자의 관점이며, 삶을 살아가는 자, 삶에 부대끼는 자의 관점이다. 개구리 관점은 동질성의 문제, 진정성의 시비를 벗어난다. 그러나 개구리 관점은 무엇보다도 아래에서 위를 보는 관점이다. 새가 공중에서 아래를 본다면 개구리는 지상에서 위를 본다. 그러므로 개구리 관점과 관련하여 중요하게 언급해야 할 것은 감추어진 치부를 들추어내는 기능이다. 개구리 관점을 통해 사회의 아래가, 그리고 거기에서 사는 자들의 아랫도리가 들춰진다. 새는 탁자 아래의 세계를 볼 수 없다.

삶의 한가운데에서 삶을 노래하는 자들이 바로 시인들이다. 그래서 시인들은 개구리와 같다. 세상을 개구리처럼 본다. '아래'에서 아래를 본다. 아래에서 위를 본다. 치마 속에 감추어진 부분을 드러낸다.

그리스 수사학은 소재 선택inventio, 구성dispotio, 문체elocutio, 기억memoria, 연설actio 등 다섯 범주로 나누어져있다. 이중 주목을 끄는 것이 memoria, 즉 기억의 범주이다. '얼마나 잘 기억하게 할 수 있는가'가 수사학의 주요 범주였던 것도 놀랍지만, 더욱 놀라운 것은 이 기억의 범주가 그 이후의 책의 역사, 문학의 역사, 특히 시의 역사에 커다란 영향을 끼쳤다는 점이다. '주목하게 해서 기억하게 하는 것'이 그리스 수사학에서부터 시작해서 오늘날까지 여러 매체들이 가장 중요하게 간주하는 부문이었다.

注目하게 한다는 것은 말 그대로 눈으로 주의하게 하는 것이다. '주목하게 해서 기억하게 하는 것'은 그러므로 시각적일 때, 혹은 입체적일 때, 그 목표가 쉽게 달성된다. 책을 읽으면서 줄을 치고, 괄호로 묶고, 형광펜을 칠하고 하는 것들도 이런 이유에서이다. 문단을 나누는 것도 주목하게 해서 기억하기 쉽게 하기 위해서이다. 시가 산문과 달리 시행으로 구획되어 들쭉날쭉한 모양을 갖게 된 것도 기억memoria 때문이다. 기억시키려면 산문과 같은 모양이 아닌 들쭉날쭉한 모양이 더 적합하다고 판단했기 때문이다. 시는 회화와 밀접한 관련이 있다.

구체시가 회화에서 가장 많은 영향을 받았다. 구체시는 회화시이다.

2

구체시는 의미를 단어의 의미로(혹은 행의 의미로,

혹은 시 전체가 갖는 의미로) 전달하는 것이 아니라, '그림'으로 전달한다. 시각적으로 전달한다. 단어, 음절, 활자들이 그림의 물감(색)처럼 재료가 된다.2) 곰링어E. Gomringer의 '침묵'에 대한 시를 보자. 전문이다.

침묵　침묵　침묵
침묵　침묵　침묵
침묵　　　　침묵
침묵　침묵　침묵
침묵　침묵　침묵
schweigen schweigen schweigen
schweigen schweigen schweigen
schweigen 　　　　　schweigen
schweigen schweigen schweigen
schweigen schweigen schweigen

---

2) 구체시는 19세기 말 홀츠A. Holz의 「판타주스」, 그리고 바로크 시대의 형상시Bildgedichte까지 거슬러 올라가지만 '구체시'라는 이름이 처음 등장한 것은 1953년 팔슈트룀 Ö. Fahlström의 「구체시를 위한 선언」에서였다. 선언의 모토는 "오래 전에 고갈된 인간 심리학의 자리에 물질에 대한 시적 심취가 들어서야 한다"였다. 물질이 심리학을 대신한다고 한 것이다. 기표가 기의를 대신한다고 한 것이다. R. Döhl, Konkrete Literatur, in: Moderne Literatur im Grundbegriffen, hrsg... v. D. Borchmeyer u. V. Žmegač, Frankfurt/M. 1987, 215면 참조.

‘침묵은 금이다’라고 했을 때 ‘침묵’은 그 자체로 침묵이란 의미를 갖고 전달되는 것. ‘금’은 그 자체로 금이라는 의미를 갖고 전달되는 것(여기에서 물론 금은 말 그대로의 금이 아니라 ‘귀한 것’을 상징하는 것이지만). 그래서 침묵의 의미가[침묵의 중요성이] 침묵이란 단어와 금이라는 단어가 결합하여 전달되는 것. 그러나 곰링어의 ‘침묵’에 관한 시에서 침묵의 의미는 침묵 schweigen이라는 단어로 전달되는 것이 아니라, 침묵의 모양(혹은 그림)으로 전달된다. ‘침묵’이라는 단어는 침묵이라는 의미를 가진 단어가 아니라, 침묵이라는 주제(혹은 의미)를 전달하는 재료로 쓰였을 뿐이다. 침묵이라는 단어들이 가운데 빈 공간을 에워쌈으로써 ‘침묵’이 전달되는 것이지, 침묵이라는 단어가 침묵을 전달하는 것이 아니라는 말이다. ‘빈 공간’이 침묵을 전달한다는 것은 그림이 침묵을 전달한다는 것과 같다. 빈 공간이 ‘구체적으로’, 그림처럼 구체적으로, 침묵을 전달하였다.

그렇다고 모든 구체시에서 단어, 음절, 활자들이 재료로만 쓰이고 ‘의미’로는 쓰이지 않는 것은 아니다. 다음은 마이어H. Mayer의 시다. 이 시는 60년대, 월남전에 참전한 미국을 반대하는 구호로 이용되었다.[3)]

---

3) 김용민, 「언어실험과 문학의 정치화」, 『현대시사상』, 1992. 봄, 66면 참조.

SAU
AUS
USA

독일어를 모르는 사람이 볼 때 이것이 무엇을 의미하는지 구체적으로 알 길이 없다. 그러나 이것이 '시'라고 한다면, 그리고 구체시를 아는 사람이라면, 독일어를 모르는 사람이라 하더라도 A, S, U라는 세 활자가 3행에 걸쳐서 각각 다른 순열로 나타났다는 점에서, 즉 활자가 재료로 쓰였다는 점에서, 구체시일 것이라는 짐작을 할 수 있다. 외형적으로 이 시는 구체시의 영역에 속한다.

독일어를 아는 사람이라면 이 시는 A, S, U를 서로 다른 순서로 조합한 구체시일 뿐 아니라, 전통적 의미에서의 '의미시'이기도 하다는 점을 인식하게 된다. SAU는 암퇘지라는 뜻이며 우리말로는 '개새끼'라는 욕에 가깝다. AUS는 출신을 나타내는 전치사. 영어의 from이다. USA는 미국이다. 그러므로 이 시는 내용적으로 '미국에서 온 개새끼'가 된다. 월남전 반대 구호로 쓰였다면 미국에서 온 개새끼들은 물러가라, 월남에서 철수하라, 라는 뜻이 전달된다.

A, S, U를 서로 다른 순서로 조합했다는 점에서,

즉 활자를 재료로 사용했다는 점에서, 구체시이며, 단어 하나 하나가 의미를 갖고 있고 그것이 모여 또 다른 의미를 전달하고 있다는 점에서 전통적 의미시이기도 하다. 절충형의 시라고 할 수 있다.

구체시와 의미시의 절충의 예를 또 하나 들어보자. 필자의 「나무가 무섭다」이다. 전문이다.

나무가
무섭
다

나무들은 서서 세상을 반으로 나눈다
숲을 나누고
하늘을 나눈다
내 몸에 수직으로 금을 낸다

반을 나누는 것은
본인을 세상의 중심에 놓는 것
본인을 중심으로 이 세상을 바라보는 것
세상의 중심을
감당해낼 수
있는 것

나무가
무섭
다
서
있는
것
이
무
섭
다

시가 왼쪽 선을 기준으로 정렬되지 않고 중앙선을 기준으로 정렬되었다는 점에서, 즉 '중축(中軸) 원리 Mittelachsenprinzip'의 시라는 점에서, '시의 회화성'이 더 강조되었다고 할 수 있다. 시의 제목과 본문이 합쳐져서 나무의 형상이 만들어졌다. 나무의 형상을 떠올린 것은 이 시의 주요 제재가 "나무"이기 때문이다.4)

그러나 이 시에 의미를 전달한 것은, 나아가 주제를 결정한 것은, 그림이 아니라 언어의 기의이다. 언

4) 나무가 아닌 사람의 형상이라고 할 수 있다. 나무에 시적 화자의 감정이 이입되었다고 보는 것이다. "서/ 있는/ 것/ 이/ 무/ 섭/ 다"라고 한 것은 '사람'을 포함한 '서 있는 것'이 무섭다라고 한 것이다.

어의 기의가 그림에 의미를 부여하였다. '언어의 기의'가 다의적일 수 있는 '나무의 이미지'에 하나의 고정된 의미를 부여하였다. '문자'를 재료로 써서 나무의 형상을 보여주려고 했다는 점에서 구체시이고, 언어의 기의를 통해 메시지를 전달하려고 했다는 점에서 전통적 의미시이다.

'무서운 나무'라는 고정된 의미의 확정에 '언어의 기의'만 기여한 것은 아니다. 뿌리가 없는 불안정한 나무의 모양이 '무서운 나무'를 강화시키고 있다. 기의뿐만 아니라 기표(혹은 그림) 역시 의미의 확정에 기여했다고 보는 것이다.

선명한 회화적 이미지의 시와 구체시가 명백하게 구분되는 것은 아니다. 이상면의 「山」을 보자. 전문이다.

山,
山,
山 너머,
또 山,

태초엔
출렁이던 물결.

지금은 굳어버린 파도.

한자[표의문자]는 그림으로 의미를 표현한다는 점에서 구체시의 원조라고 할 수 있다. 山은 '봉우리 3개'를 구체적으로 보여준다.

이 시가 선명한 회화적 이미지의 시인 것은 "山,/ 山,/ 山 너머,/ 또 山", "태초엔/ 출렁이던 물결", 그리고 "지금은 굳어버린 파도"라고 한 것 때문이다. 특히 "출렁이던 물결", "굳어버린 파도"들이 그렇다.

구체시로 볼 수 있는 것은 山이 "山,/ 山,/ 山 너머,/ 또 山,"으로 나열되었기 때문이다. '봉우리 3개', 즉 '山'를 4차례 나열함으로써 '산'을 '구체적으로' 보여주었기 때문이다. 첫째 연 4개 행에서 山과 山을 마침표로 연결하지 않고 쉼표로 연결한 것도 이런 의도에서이다. 산이 이어져있다는 것을 구체적으로 보여주려는 시도이다. 넷째 행 "또 山,"을 쉼표로 끝낸 것도 산이 끝없이 이어진다고 한 것이다. 쉼표도 '구체'에 기여하였다. 둘째 연과 셋째 연은 쉼표가 아닌 마침표로 끝내고 있다.

첫째 연이 완전한 구체시가 되지 못한 것은 셋째 행의 "너머"와 넷째 행의 "또" 때문이다. '너머'와 '또'는 산이 계속 이어져있다는 것을 '설명하는' 의미소들이기 때문이다.

3

구체시는 회화의 절대적 영향권 안에 있다. 구체시를 시각시visuelle Poesie라고 부르는 것도 이런 맥락에서이다.[5] 회화에서 물감(색)을 사용하여 의미를 구체적으로, 구상적으로, 시각적으로 전달하는 것처럼, 구체시는 단어, 음절, 활자라는 재료를 가지고 의미를 구체적으로, 구상적으로, 시각적으로 전달하려고 한다.

곰링어의 "詩行에서 構圖로vom vers zur konstellation"[6] 라는 말로 '구체시'를 설명할 수 있다. 전통적 시에서는 시행 하나 하나가 주목의 대상이 되었으나, 예를 들어 "겨울은 강철로 된 무지개"라는 구절 하나로도 '전체'를 설명할 수 있었으나(부분이 전체를 대변할 수 있었으나), 구체시에서 시행 하나 하나는 더 이상 문제시되지 않는다. 부분이 전체를 대변하지 못한다. 예를 들어 곰링어의

5) 여기에서는 논하지 않았지만 구체시의 또 하나의 범주로 청각시akustische Poesie가 있다.

6) '詩行에서 構圖로'는 1954년에 발표된 곰링어의 유명한 '구체시 선언' 제목이다. konkrete poesie, anthologie von eugen gomringer, stuttgart 1996, 155면.

w w

d i

n n n

i d i d

w w

에서 "wind"라는 단어 하나는 전체의 부분일 뿐 '전체로서의 부분'이 되지 못한다. 전체의 의미를 설명하지 못한다. 오로지 '전체적 구도'가 전체를 설명해줄 수 있다. wind[바람]는 한 방향에서만 불어오지 않는다. 사방팔방이 바람이 불어오는 통로이다.

바람의 행로가 몇 개인지 세어보자. 적어도 4개의 방향을 찾아낼 수 있다. 이것을 전통적인 시로 말하게 하면 얼마나 많이 말해야 하는가. 예를 들어 바람이 남서쪽, 북동쪽, 북서쪽, 남동쪽에서 불어온다고 말해야 한다. 구체시의 목적 중의 하나가 '적은 말'로써 많은 생각을 불러일으키게 하는 것이다.[7]

구체시는 문장이 아닌 단어, 음절, 활자들의 構圖로 의미를 전달하고 있다는 점에서, '은유로부터의 해방·

7) 변학수, 「'구체시'를 통해 살펴본 축소의 시학」, 『시와반시』, 1999 겨울, 196면 참조.

통사 구조로부터의 해방'이라는 점에서, 마리네티의 미래주의, 슈트람의 '단어 예술', 그리고 스위스의 다다이즘을 잇는 해체주의의 계보에 동참한다. 표현주의가 미래주의의 영향을 받은 것처럼 구체시 또한 미래주의의 영향을 받았다.[8]

8) 미래주의와 표현주의에 관한 것은 졸고「표현주의의 전쟁시」,『현대시』, 2005. 2. 204면 참조.

12

노동문학?

'현실주의'는 전복의 현실주의이다. 변혁의 현실주의이다. 전복과 변혁의 계기가 들어가 있지 않은 것을 현실주의라고 할 수 없다. 노동문학도 전복과 변혁의 노동문학이다. 전복과 변혁의 계기가 들어가 있지 않다면 노동문학이라고 할 수 없다. 노동자가, 노동자의 일을, 노동자의 세계관으로 보여주는 것이 노동문학이기 때문이다(물론 노동자가 아니더라도 노동자의 세계관을 가질 수 있다). 노동자의 세계관이 전복과 변혁의 세계관이다. '노동자 농민의 나라'를 열망하는 세계관이다. 최종천 시인, 이중기 시인, 이면우 시인의 시들을 전통적인 의미의 노동문학이라고 할 수 없다. 노동자가 노동자의 일을 담은 문학이라고 할 수 있다. 노동자의 세계관이 나타나지만 변혁과 전복의 세계관과 크게 관련이 없기 때문이다.

노동자 농민을 억압하는(혹은 기만하는) 것은 자본가들이다. 자본가 편을 드는 자본가의 走狗들이다. 가령 김지하의 「오적」 중에 재벌 편을 드는 나머지 '사적'들이다. 자본가 '체제' 안에 있는 것들이다. 자본가는 국제적이다. '제국'의 자본가들이 포함된다. 소위 다국적 기업들이 포함된다.

자본가 편은 또 있다. 성직자들이다. 내세를 설교하는 성직자들이다. '부자가 천국에 들어가는 것은 낙타가 바늘구멍 속에 들어가는 것보다 어렵다'고 설교하는 성직자들이다. '가난한 자에게 복이 있다'고 설교하는 성직자들이다. 이들은 가난한 자들의 "가난, 노고, 땀, 굴복"을 감수하게 하고 있다. 가난, 노고, 땀, 굴복을 天賦的인 것으로 여기게 하고 있다. 물론 '좋은' 성직자들일 수 있다. 천국에 갈 수 있다는 희망을 갖게 하기 때문이다. 가난, 노고, 땀, 굴복을 위로하기 때문이다.

그런데, 만약 천국이 없다면? 천국이 성직자들을 위해 만들어진 것이라면? 그들이 '먹고살려고' 만든 것이라면? 가난한 자들로 하여금 '십일조'를 바치게 해서 '먹고살려고' 만든 것이라면? '내세의 천국'은 자본가들이(그 이전에는 귀족계급들이) '현세의 천국'을 마음껏 즐기려고 만든 것이라면? 가지지 못한 자들의 불만을 무마시키기 위해, 그들이 봉기하지 못하게 하기 위해, 만든 것이라면?

나는 빨갱이가 아니고
최종천이라는 노동자입니다
다른 사람에게도 그렇게 알려주십시오
지난해 여름 나는
다른 집으로 이사를 갔지요
그 집은 화장실엘 가려면 개집 앞을 지나야 하는데
집주인은 사나운 그 개의 이름을 결코 알려 주지 않았습니다
이름만 불러주어도 꼬리를 저을 것 같은 개인데요
어느 날 제 방에 도둑이 들어 TV를 훔쳐 갔지요
그 뒤 갑자기 개의 목줄이 전보다 길어졌습니다
나는 화장실에 갈 때마다 주인을 불러야 했습니다
어느 날 전화를 하여 여기 새로 출발하는 가전제품 회사인데
고객들의 TV 사용 시장조사를 한다고 했더니
제 TV를 말하더군요
나는 당연히 주인의 방으로 들어가 TV를 가지고 나왔지요
[…]

주인은 도둑놈입니다
[…]
개의 목줄의 길이로 나와 누렁이를 조종한 정치가입니다
나는 빨갱이가 아니고
임금이 알맞게 오르고 노동조건이 개선되기를 바라는
최종천이라는 평범한 노동자입니다
나의 이름을 도둑질하지 마십시오

— 최종천, 「이름」 부분

"나는" "노동자"라고 했으므로(최종천 시인은 용접공이다) "집주인"은 자본가라고 할 수 있다.[1)] 자본가가 노동자의 "TV"를 훔쳤다는 것은 그러므로 자본가가 노동자의 임금을 착취했다고 한 것으로 볼 수 있다. '나'[노동자]는 "주인은 도둑놈입니다"라고 명시적으로 밝혔다. "개"는 자본가 편을 드는 走狗이다. 혹은 자본가에게 꼼짝 못하는 走狗이다. 손쉽게 떠오르는 것은 경찰이다. 경찰이 노동자를 탄압한다. 1844년 독일 쉴레지엔에서 직조공들이 봉기했을 때 경찰의

1) 김남주의 유명한 시 「낫」에 "주인"이 등장한다. "낫 놓고 ㄱ 자도 모른다고/ 주인이 종을 깔보자/ 종이 주인의 목을 베어버리더라/ 바로 그 낫으로"(「낫」 전문) 여기서도 "주인"은 자본가라고 할 수 있다.

발포로 많은 직조공들이 죽었다. '메이데이'의 효시가 된 1886년 미국 노동자들의 봉기 때는 더 많은 수의 노동자들이 죽거나 다쳤다. 경찰 뒤에는 물론 정치가들이 있다. 정치가들이야말로 자본가들의 주구들이다. 그들로부터 돈을 받아 '정치'를 하기 때문이다. 자본가들이 돈줄을 풀었다 줄였다 하기 때문이다. 주인이 개의 "목줄"을 풀었다 줄였다 하는 것처럼. 시인도 자본가와 정치가를 한통속이라고 한 것으로 보인다 ("주인은 […] 개의 목줄의 길이로 […] 누렁이를 조종한 정치가").

주목되는 것은 "나는 빨갱이가 아니"라고 한 것이다. "임금이 알맞게 오르고 노동조건이 개선되기를 바라는 […] 평범한 노동자"라고 한 것이다. 변혁과 전복을 열망하는 노동자가 아니라는 것을 분명히 하였다. 전통적인 의미의 '노동문학'이라고 할 수 없다. 변혁과 전복의 계기가 들어가 있지 않으므로 노동문학이라고 할 수 없다. '노동자 농민의 나라'를 건설하려는 노동자의 시가 아니라, '임금이 알맞게 오르고 노동조건이 개선되기를 바라는' 노동자의 시를 노동문학이라고 할 수 없다. 한 세기 전 서구에서의 수정주의 노선(베른슈타인, 카우츠키)과 비슷하다. 의회활동, 혹은 임금투쟁을 통해 '노동조건'을 개선하려는 것이 수정주의였다. 80년대 한국에는 노동문학이 있었다. 가령 박노해와 백무산의 노동문학이 있었다. 1996년 백무산의 『인간의 시간』 속에도 다음과 같은 노동문학이 있었다.

> 줄잡아 그의 재산이 5조 원을 넘는단다
> 그 돈은 일년에 천만원 받는 노동자
> 50만 년 치에 해당한다
> 한 인간이 한 세대에
> 50만 년이라는 인간의 시간을 착취했다
> 50만 년!
>
> — 「자본론」 부분

"그"[자본가]에 대한 "노동자"의 분노 및 적개심을 불러일으키고 있다. 노동문학, 혹은 '사회주의적 리얼리즘'의 가장 중요한 요소인 당파성 및 민중연대성을 관철시켰다고 할 수 있다. '노동자의 나라'를 '간접적으로' 강력하게 요구하였다고 할 수 있다. (사회주의적 리얼리즘의 가장 중요한 세 가지 방법론인 '예술적인 모사'[2], '혁명적 발전 중에 있는 현실의 반영',

---

2) '예술적인 모사'란 현실의 단순한(혹은 객관적) 모방이 아닌 주관적 모방을 의미한다. '전형성', '낙관적 전망', '긍정적 주인공의 창조' 등의 요소가 이에 포함된다.

'마르크스 레닌주의적 세계관'과 무관하다고 할 수 없다.) 그러나 1990년대 중반에 노동자들이 혁명적 발전을 위해 투쟁하였다고 볼 수 없다. 마르크스 레닌주의적 세계관을 가지고 투쟁하였다고 볼 수 없다. 「자본론」은 현실주의 시가 아니라 理想이 반영된 시라고 할 수 있다. 理想詩라고 할 수 있다. 1989년 베를린 장벽이 붕괴되면서, 그 이후 소비에트 연방이 해체되면서, 현실사회주의는 몰락하였다. 노동문학도 몰락하였다. 물론 '자본주의의 승리'라고는 할 수 없다. 현실사회주의 말고 자본주의밖에 없었기 때문에 그 자리를 자본주의가 차지한 것일 뿐이다. '욕망 억제'의 이데올로기 자리에 '욕망 용납'의 이데올로기가 들어선 것이다. 두고볼 일이다.

성직자가 자본가들의 편이라는 것을 보여준 시가 있다. 농투성이 시인 이중기의 「경주 남산에서 丹心歌를 듣는다」이다.

> 십 년 넘게 일을 해도 농업은 참 알 수 없는 질문이다.
>
> 신명도 안 나는 농사일 하루 작파하고
> 백 리 남쪽 경주 남산 놀러 갔다가
> 저 장엄한 게르니카에 다친다

여기도 모가지 잘린 불상들 질문만 지천이구나
빙긋 웃는, 조악한 노구의 미륵보살들
몰골 흉측한 어둠의 자식들이
적막 팽팽하게 당기며 何如歌를 부른다
아뿔싸! 나는 위험한 경계에 선다

옛 사람들 궁색한 맘에 기대어
쑥대밭의 세월까지 누린 미륵은 딴전인데
인간들은 함흥 간 差使만 기다리며 살았구나
돌아가자, 기쁘게 상처를 받고
천둥 번개 우글거리는 논밭으로 가야겠다
내 마음 가시나무 가시를 뽑아 던져도
남산은 농업보다 너무 긴 질문이다

—「경주 남산에서 丹心歌를 듣는다」 부분

"何如歌"는 성직자들의 何如歌이다. 여기에서는 "미륵보살"의 何如歌이다. "궁색한" 인간들은 미륵보살에게 기대어 '답'을 기다렸는데 그들은 답을 주지 않았다. 미륵은 '우리'를 속였다. 답을 받지 못한 것을 시인은 "인간들은 함흥간 差使만 기다리며 살았구나"라고 표현하였다. 何如歌는 인간 삶의 허망함을 노래하는 何如歌이다. "이런들 어떠하며 저런들 어떠하리"(이방원)의 何如歌이다. '헛되도다, 모든 것은 헛되도다'가 모든 종교의 모토였다. 현실에서 눈을 돌려 내세를 쳐다보게 하는 모토였다. 그래서 불의의 현실을 호도하게 하는 모토였다. 하이네와 마르크스가 "종교는 아편이다"라고 한 것도 이 때문이었다.

何如歌의 반대는 丹心歌이다. 하여가가 이원론이라면 단심가는 일원론이다. 현상만을 보자는 일원론이다. 시적 주체는 삶을 인정하려고 한다. "기쁘게 상처를 받고"라고 한 것이 그것이다.[3] 상처인 삶을 긍정하자고 한다. "천둥 번개 우글거리는 논밭", 즉 "농업"을 긍정하자고 한다. "남산은 농업보다 너무 긴 질문이다"라고 했을 때 '남산'은 미륵보살의 남산이다. 성직자의 남산이다. 이원론의 남산이다. 현상말고 본질이, 현세말고 내세가, 따로 있다는 이원론의 남산이다. 현실을 외면하자는 남산이다(불의의 현실을 외면하자는 남산이라고 할 수 있다). '농업'은 일원론의 농업이다. 불의의 현실과 대면하는 농업이다. 현실주의자의 농업이다. 대지를 긍정하는 자의 농업이다.

---

3) "기쁘게 상처를 받"는다는 것을 필자는 상처와 '기꺼이 대면하겠다'는 뜻으로 이해하였다. 상처를 감내한다는 뜻이 아니라.

갈릴레이는 부르주아다.
그들에게서 돈을 받아 망원경을 만들었으며
그들을 위해
지구는 돌지 않는다고 말해 주었다.

— 박찬일, 「갈릴레오 6」 부분

갈릴레이는 지동설을 증명했지만 그 후 종교재판정에서 이를 철회했기 때문에 민중의 해방에 대한 열망을 배반한 자였다. 그럴 것이 지동설은 단순히 지구를 우주의 중심에 두는 천동설에 대한 반대만이 아니라, 당시의 민중에 대한 지배 계급의 착취를 정당화시키던 카톨릭 이데올로기를 반대하는 것이었기 때문이다. 당시의 최하층계급인 농노들이 귀족계급에 의해 착취를 당하고 냉대를 받으면서도 참을 수 있었던 것은 성서가 그들에게 내세에 대한 희망을 설교했기 때문이었다. 다시 말하지만 '부자가 천국에 들어가는 것은 낙타가 바늘구멍에 들어가는 것보다 어렵다', 혹은 '가난한 자에게 복이 있으리라'하는 말씀 때문이었다. 위의 시에서 "부르주아"는 지배계급, 혹은 귀족계급에 대한 환유이다.

보일러공 이면우 시인의 시는 노동을 긍정하는 것

을 넘어 노동을 예찬하고 있다는 점에서, 노동의 아름다움을 얘기하고 있다는 점에서, 전통적인 의미의 노동문학을 한참 넘어선다. 노동의 아름다움을 얘기하는 것은 자연의 아름다움을 얘기하는 것과 같다. 물론 현실을 긍정하는 유물론적 사유의 시로 읽을 수도 있다.

> 날 선 대패를 햇송판 위로 밀고 당길 때
> 런닝셔츠가 배에 가슴에 자꾸 붙었다 떨어졌다
> (이 기막힌 냄새! 는 숲으로 왔지)
>
> 다 저녁 때 텃밭에서 맨발로 돌아 와
> 삶은 달걀이 찬물 속에서 저 혼자 흔들흔들
> (밤은 흰자 속에 잘 익은 노른자를 숨겨두었다)
>
> —「흔들리다」 부분

이면우 시인의 '노동 예찬'은 심지어 자본주의 철학을 정초한 베버의 『프로테스탄티즘 윤리와 자본주의 정신』을 떠올리게 한다. 베버에 의하면 노동, 검약, 금욕 등이 자본주의의 기본 정신이었다. "대"팻밥의 "냄새"를 예찬하는 것이 노동 예찬이고, "밤은 흰

자 속에 잘 익은 노른자를 숨겨두었다"고 하는 것이 노동 예찬이다. 특히 후자의 경우는 노동 예찬의 절정이다. "밤"은 자연, 혹은 신성을 상징한다. 자연, 혹은 신성이 노동에 화답하여 '잘 익은 노른자'를 예비해주었다고 한 것이다. 노동자의 '아름다움 일상'을 노래한 시이다. 노동자의 '아름다운 저녁'을 노래한 시이다.

노동문학은 정치문학이다. 변혁과 전복의 계기가 들어 있으므로 정치문학이다. 단지 사회의 부조리나 사회의 어두운 면을 고발하고 있다면 사회문학이다. '사회시'이다. 다음 시는 사회시이다.

> 서울역 광장 문화관 앞
> 사진 촬영대 위에
> 새가 한 마리 앉았다 갔다
> PHOTO POINT
> 적힌 그대로
> 포즈를 취해보지만
> 아무도 쳐다보지 않는군
> 기차 시간을 기다리며
> 줄담배를 태우고 있는 나와
> 낮술에 취해
> 길바닥에 코를 박고 쓰러진 사내와

지하철 입구에서
주 예수를 믿으라
고래고래 고함을 치는 전도사,
민영화 저지 붉은 머리띠를 두르고 가는
철도 노동자를 두리번거리다
PHOTO POINT
PHOTO POINT
여기 말고 다른 데는 찍지 말라는 건가

— 손택수, 「PHOTO POINT」 부분

이 시의 포인트는 "여기 말고 다른 데는 찍지 말라는 건가"라는 구절에 있다. '여기'는 물론 "PHOTO POINT"이다. '다른 데'는 '사회의 그늘'이다. 傳言은 사회의 그늘을 보아야 한다는 것이다. 사회의 그늘에 관심을 가져야 한다는 것이다. 사회의 그늘의 예로 몇 가지가 나열되고 있다. "낮술에 취해/ 길바닥에 코를 박고 쓰러진 사내"가 사회의 그늘이고, "민영화 저지 붉은 머리띠를 두르고 가는/ 철도 노동자"가 사회의 그늘이다. "주 예수를 믿으라/ 고래고래 고함을 치는 전도사"도 사회의 그늘이다. '전도사'는 사회의 그늘을 외면하고 주 예수를 믿으라고 하고 있기 때문이다. 또 하나의 사회의 그늘이기 때문이다.

가난한 자들을 동고(同苦)하는 시들도 사회시라고 할 수 있다. 정윤천의 다음 시는 가난한 자들을 同苦하는 시이다.

> 가난한 사람들의 마음 밭 안에는 […] 그 길이가 깊은, 웅덩이가 하나씩 고여 있곤 한다. […] 웅덩이 안에서 사는 개구리들 […] 울음소리 쪽을 향하여 어깨를 좀 수그리고 귀를 기울이면, 거기에서 영락없이 소리가 난다. 기·다림, 求함 마려움. 바램과 희망 […]
>
> —「개구리 울음소리가 난다」

"가난한" 자들의 "기·다·림, 求함 마려움. 바램과 희망"의 소리를 듣는 시인은 同苦하는 시인이다. "同苦를 가장 많이 사람이 최고의 사람"이라고 말한 사람은 계몽주의 시대의 레싱이었다. 同苦하는 시인은 同苦하지 않도록 '상황'이 바뀌어지기를 바라는 시인이다. 가난한 자들이 가난을 벗어나기를 바라는 시인이다. 사회가 개선되기를 바라는 시인이다. 어떻게?

▌색인 ▌▌▌